Max Scharnigg

HOTEL
FATAL

Max Scharnigg

HOTEL FATAL

REISEN MIT RISIKEN UND NEBENWIRKUNGEN

FREIBURG · BASEL · WIEN

Einige Texte des vorliegenden Buches sind 2008 als Kolumne auf sueddeutsche.de erschienen.

© Verlag Herder GmbH, Freiburg im Breisgau 2010
Alle Rechte vorbehalten
www.herder.de

Umschlaggestaltung und -konzeption:
Agentur RME: Roland Eschlbeck und Sabine Hanel
Umschlagfoto: © Busse Yankushev / Mauritius Images
Autorenfoto: © Privat
Innengestaltung:
Weiß-Freiburg GmbH – Graphik & Buchgestaltung
Illustrationen: Katharina Bitzl
Herstellung: CPI Moravia Books, Pohorelice

Gedruckt auf umweltfreundlichem, chlorfrei gebleichtem Papier
Printed in Czech Republic

ISBN 978-3-451-30259-6

INHALT

Vorwort 9

I Online buchen, offline fluchen
*Im Internet sind alle Hotels schön – Bitte recht freundlich!
Kleine Hotelzimmer-Fotokunde – Hauptsache Hochglanz.
Über Hotels in Büchern – Watzlawick: Was die Sterne sagen –
Aller Lasten Anfang* 15

II Schlafen für Fortgeschrittene
*Mami hat jetzt Urlaub! Einakter an der Rezeption –
Die Keycard – Das Haar im Zimmer – Wo ist das Bett?
Navigation im Zimmer – Die Bibel – Andere Länder,
andere Betten. Nachtruhe für Fortgeschrittene – Das ABC
des Hotelfrühstücks (A–F) – Flurfunk und andere
Störgeräusche* 33

III Von Saunalandschaften und anderen Feuchtgebieten
*Bahn frei, Bademantel! – Da ist Wasser in meinem Hotel!
– Wie Sie richtig ins Schwitzen kommen: Sauna International – Der Föhn – Nachdenkliches über Body-Lotion-Fläschchen* 61

IV Das gefaltete Ende der Klopapierrolle
Der Gepäckbock – Stilgewitter: Von Filzfernbedingungen und organischen Haartrocknern – Der Umwelt-Gedenkaufkleber – Hauptsache Wandfarbe. Über Kunst im Hotel – Das gefaltete Ende der Klopapierrolle – Das Briefpapier – Allein auf weitem Flur – Die Info-Kladde – Stilvoll durch den Feueralarm – Das ABC des Hotelfrühstücks (F–J) *73*

V Kleiner Service? Großer Luxus!
Watzlawick über die perfekte Hotelbar – Hilfe, Luxus? Ein paar sichere Anzeichen – »Ich bin nackt, kommen Sie ruhig rein!« – Das Telefon – Kleckern in fremden Betten: Das Zimmerfrühstück – Die Schuhputzmaschine – Das ABC des Hotelfrühstücks (J–S) – Was gibt man hier? Vom Trinkgeldvermeiden *99*

VI Unmoralische Angebote und Hotelneurosen
Die Tee-Ecke – Die Minibar. Eine Charakterprüfung – Der Eiswürfelbereiter – Der kleine Hoteldiebstahl – Teure Taste? Die Tücken des Erwachsenenkanals – Unterwegs mit dem Hotelneurotiker – Das ABC des Hotelfrühstücks (T–Z) . . . *121*

VII Hotels für Spezialisten
Kleine Typologie der wichtigsten Hotelnamen – Hotels für Hunde, Kinder und andere Spezialisten – Sag zum Abschied leise: Rechnung bitte! *138*

VIII Kurz gefasst: Nützliches & Unnützliches
Hier wohnt der Promi! – Anregende Hotellektüre –
Filmhotels, die man kennen und besuchen sollte *154*

VORWORT

Seit ich eine eigene Wohnung habe, liebe ich Hotels. Schuld daran ist mein sehr schwach ausgeprägter Hang zum Aufräumen. Alle Wohnungen, in denen ich bisher wohnte, waren in kürzester Zeit übermöbliert, mit Büchern, Zeitungen von gestern, leeren Kartons, in denen sich Druckertreiber-CDs und Kabel mit exotischen Anschlüssen befanden, sowie mit alten Stühlen. Es ist mir unbegreiflich, wie Menschen sich in Wohnungen aufhalten können, ohne diese fortwährend mit dem Treibgut unserer an netten Produkten so reichen Gesellschaft zu überfüllen. Ich beherrsche diese Kunst nicht und leide gelegentlich daran. Wenn es zu schlimm wird, gehe ich ins Hotel. Denn egal von welcher Güte es ist, ein Hotelzimmer ist immer aufgeräumter als meine Wohnung, es finden sich in ihm sagenhaft leere Tischflächen, freie Sitzgelegenheiten und kahle Wände. Die ersten Augenblicke in dieser Umgebung erlebe ich als etwa so erfrischend wie die Menschen in der Duschgelwerbung ihre Dusche unter einem Wasserfall. Ich aale mich regelrecht in der ordentlichen Unpersönlichkeit, wo keine Finanzamt-Briefe, volle Mülleimer oder zu reinigende Knoblauchpressen meine Ankunft herbeisehnen. Sobald ich den Reißverschluss meiner Tasche öffne, ist es mit der Erfrischung vorbei. Von mir bewohnte Hotelzimmer sehen nach wenigen Stunden wieder aus wie verwüstete Feldlager, deswegen wechsle ich spätestens nach drei Nächten das Hotel, um wieder einen neuen Kick zu kriegen. Mein schlimmstes Erlebnis war dementsprechend auch jenes Zimmer in einem deutschen Holiday Inn, das ich in Erwartung köstlicher Neutralität betrat, worauf ich mich aber in einem verwüsteten Feldlager eines anderen wiederfand. Eine Verwechslung der Rezeption, eine bleibendes Schockerlebnis für mich. Seitdem öffne ich die Zimmer mit geschlossenen Augen und warte, ob meine Nase den auf der ganzen Welt gleichen Geruch des Badreinigers findet, dann linse ich vorsichtig mit dem rechten Auge, bis ich das straffe Ende eines Bettuchs oder den parallel zur Tischkante geordneten Bleistift erahnen kann. Erst dann rausche ich mit Grandezza hinein.

Seitdem ich mich intensiver mit Hotels beschäftige, ereilen mich rund um die Uhr Anrufe und E-Mails von Bekannten und nahezu Unbekannten, die von mir ein »perfektes Hotel« für ihre Urlaube, Konfirmationen oder Flitterwochen in Erfahrung bringen wollen. Sie glauben, es gibt ein perfektes Hotel, weil die Reisemagazine und Lifestylehefte voll mit Häusern sind, die als perfekt angepriesen werden. Aber, sage ich dann den Fragenden, das perfekte Hotel gibt es natürlich nicht. Es ist unmöglich. Ein perfektes Hotel wäre ein Haus mit nur einem Gast (damit die anderen nicht stören), auf dessen individuellen Vorlieben es rund um die Uhr eingeht, ohne ihm dabei nur ein einziges Mal das Gefühl zu geben, er müsste sich fremden Abläufen wie Zimmerreinigungszeiten, Frühstücksbüffetzeiten oder einer Check-out-Time unterordnen. Es müsste überhaupt ohne Namen, Personal und Zimmernummer in Erscheinung zu treten, unsichtbar sein und auf Stelzen herumwandeln. Der Gast eines perfekten Hotels müsste sich darin so frei bewegen können als wäre er, ja, als wäre er Zuhause. Deswegen und obwohl es mit Udo Lindenberg und einigen anderen ein paar prominente Gegenbeispiele gibt, glaube ich, dass Hotel auch immer nur in Abgrenzung zur eigenen Wohnung funktioniert. Nur wer weiß, wie es daheim ist, kann ein Hotelzimmer schön finden. Genau wie das Reisen nur dann Spaß macht, wenn man auch den Stillstand kennt.

Diese letzte Weisheit ist nicht von mir, sondern vom weitgereisten Watzlawick. Ich weiß nicht, ob Watzlawick sein Vor-, Nach- oder überhaupt richtiger Name ist. Ich treffe ihn nur gelegentlich, weil er in meinem Hinterhof wohnt, in einem kleinen Häuschen neben den Mülltonnen. Der weitgereiste Watzlawick sagt, er wäre schon überall gewesen und hätte alles gesehen, deswegen mache es ihm nun gar nichts aus, neben den Mülltonnen zu wohnen. Hin und wieder verschwindet er für ein paar Wochen und sobald er wieder da ist, lauert er mir auf, wenn ich meinen Müllsack versorge, und wir gehen eine halbe Stunde spazieren. Unter uns gesagt, glaube ich, der alte Watzlawick ist ein bisschen ein Aufschneider. Aber er kennt sich aus und redet sich jedes Mal so nett in Rage, wenn er von seinen Reisen erzählt. Deswegen darf er auch in diesem kleinen Reisebuch gelegentlich zu Wort kommen.

»Ein gutes Hotel«, sagt der weit gereiste Watzlawick und fasst sich andächtig ans Ohrläppchen, »ein gutes Hotel ist ein lebender Organismus. Ich spreche nicht von all den wackligen, efeuverdeckten Landgasthöfen, die ich in romantischer Anwandlung buchte, nicht von den geduckten Stadthotels, in die ich gebucht wurde und die eingezwängt waren in eine Lücke, die einst eine Bombe aushob. Ich meine nicht diese hygienischen Airport-Hotels mit den Business-Lounges, nicht die überbelichteten Luxus-Ressorts auf irgendwelchen Inseln, von denen man ständig liest, und nicht die viel zu kleinen Designhotels, in welchen man seinen Mantel nicht aufhängen kann und wo der Kaffee aus der Wand kommt. Ich meine«, sagt der weit gereiste Watzlawick und hat jetzt die faltigen Augen fast ganz geschlossen, »die solitär stehenden, großen Häuser. Diese letzten Oasen blank gewienerter Gastlichkeit, ruhende Dinosaurier randvoll mit Kronleuchtern und Pagen und Silberbesteck. Ein solches gutes Hotel, wenn es wirklich noch atmet und nicht nur noch Luft in seine Hülle gepumpt wird, gibt seinen Gästen Sicherheit und Ruhe. Die Sicherheit, dass es über Nacht auch auf den Mond oder in die niederrheinische Tiefebene verpflanzt werden könnte und trotzdem dort am nächsten Morgen genauso lautlos und perfekt funktionieren würde. Diese Garantie und ein wenig extrafrische Luft aus dem geöffneten Fenster, das lässt die Gäste hier ruhiger schlafen als irgendwo sonst. Das Fenster darf übrigens ruhig ein bisschen hakelig zu öffnen sein, das gehört dazu, diese Häuser können es sich leisten in kleinen Dingen nicht perfekt zu sein und nur ein Dummkopf würde sich darüber mokieren. Vielleicht hast du bemerkt«, der weit gereiste Watzlawick dreht den Kopf und sein Ledersessel knarrt ein wenig, »vielleicht hast du bemerkt, dass sie auch den dezent abgewetzten roten Teppich auf den Treppenstufen nicht austauschen, wie es vielleicht in Las Vegas geschehen würde, nein, sie werden tunlichst diese Patina pflegen, denn das ist die Zeitrechnung, nach der diese Häuser leben, nicht die Uhr. Im Gegenteil, die Schweizer Hoteldirektoren, denn wenn irgendein Mensch diese Häuser leiten kann, dann ein Schweizer oder vielleicht auch noch ein Allgäuer, sie erlauben sich an manchen Tagen sogar, die große goldene Uhr in der Lobby anzuhalten, wenn sie merken, dass die Zeit dem Haus ein wenig zu schnell geht.

Ihre eigene Uhr am Handgelenk, weißt du, die läuft natürlich auf die Sekunde genau, denn sie stehen als Taktgeber einem riesigen Orchester vor, von dessen Arbeit der Gast nichts anderes wahrnehmen wird als ein leises, beruhigendes Summen. Diese Häuser sind unübersichtlich, undemokratisch und vermutlich unrentabel, aber genau das macht sie großartig. Der Gast darf gar nicht begreifen, wie sie funktionieren, wie die polierten Schuhe wieder in seinen Schrank kommen und auf welchen Fingerzeig hin die Pagen seine Koffer nehmen. Er bezahlt dafür, dass er ein bisschen verzaubert wird. Und wer heute«, der weit gereiste Watzlawick macht eine lange Pause, aber er schläft nicht, noch nicht, mit leiser Stimme spricht er weiter, »und wer heute als Gast das Glück hat, von so einem eleganten Organismus verschluckt zu werden, der tut gut daran, sich dem Atmen und dem seltsamen Kreislauf anzupassen. Selbst wenn er sich die teuerste Suite leistet, wird er feststellen, dass der anmutigste Zimmerschmuck dort seine eigene kleine Demut ist, vor dieser alten, geschmeidigen Hoteldampflok. Und weißt du, im Grunde wollen die Menschen in den teuersten Suiten nichts anderes, sie wollen endlich mal ein Teil von etwas sein, das älter und perfekter ist als sie selber.« Der weit gereiste Watzlawick hält die Luft an, ein paar Sekunden später beginnt er leichtfüßig und weltgewandt zu schnarchen. »Aber wo stehen diese perfekten Hotels heute noch, Watzlawick, von denen du sprichst?« »Ach«, brummelt Watzlawick, »ach...«

I

ONLINE BUCHEN, OFFLINE FLUCHEN

Früher! Paradiesische Zeiten, ohnehin. Aber auch für den Hotelgast. Fühlte er sich mal hotelreif, ließ er sich mit dem Fremdenverkehrsbüro des angepeilten Urlaubsortes verbinden. Dort hob eine Einheimische mit Dialekt ab und gab resolut darüber Auskunft, wo noch freie Fremdenzimmer im Ort waren. Der Gast sagte seine Preisvorstellungen ins Telefon und die Dame quartierte ihn nach Abfrage einiger hübscher Floskeln (»Wünschen Sie das Bad im Zimmer?«, »Reisen Sie mit dem PKW an?«) in eine Pension Garni ein, in welche sich der Gast sogleich verfügte und wo er zwei Wochen ganz prima Fremdenverkehr machte.

Heute aber, herrje, Fremdenzimmer und Pension Garni sind ausgestorben, freundliche Telefonstimmen sowieso. Stattdessen begibt man sich online in Hotelbuchungsportale! Typisch Internet – wenn man etwas als Kunde wieder selber erledigen muss, gilt das nicht als Rückschritt, sondern als fortschrittlicher Service. So sitzt der Reisewillige also bleich und rotäugig vor seinem Rechner und wandert durch Kolonnen von briefmarkengroßen Bildchen. In eines der darauf gezeigten Zimmer, soviel ist sicher, muss er

…bleich und rotäugig vor seinem Rechner…

bald. Aber welches? Die günstigsten stehen auf der Auswahlliste ganz oben, unseriös günstig, nahezu. Riskiert er dort einen genaueren Blick, straft spätestens die dezent versteckte Rubrik »Kilometer zum Ortszentrum« seine Sparsamkeit ab. Mittlere zweistellige Kilometer-Werte sind hier die Regel – und über die freut sich der metropolige Gast höchstens, wenn er sie als Trumpf beim Hotel-Quartett verwenden kann.

Endlich, auf Hotelbuchungsportalseite Nummer vier und dort noch zweimal nach unten gescrollt, rückt das Ortszentrum in Spaziernähe, werden die Zimmerangebote teurer und interessanter. Inzwischen ist der Suchende auch einigermaßen mit den Hieroglyphen vertraut, die sich die Portalbetreiber zur Bewertung gefallen ließen. Drei Runter-hoch-Daumen, vier halb ausgefüllte Sterne mit zusätzlichem grünen Punkt, 14 violette Sonnen: Willkommen in der trostarmen Welt der Mitteklassehotel-Online-Bewertungen. Toll, dass sich der Suchende im Internet mit ein paar Klicks eine eigene Vorstellung von seiner Unterkunft machen kann. Schlimm, dass er nach der Suche Magenbitter trinken muss. All diese von hinten rechts fotografierten Tagungsräume, mit den beige gepolsterten Stuhlreihen und den ausgebleichten Teppichen, auf denen schon lange keine Kongressfüße mehr scharten. Die vielen Zimmerfotos, auf denen durchs Fenster eine Feuertreppe und angrenzende Hinterhoffassaden deutlich zu erkennen sind, obwohl extra ein Kunstblumenstrauß davor drapiert wurde. Nicht fehlen im Bilderreigen darf schließlich auch der schief grinsende Portier in zu enger, burgunderroter Weste. Wenn es ganz übel kommt, spendiert das Hotel als letztes Foto die Ansicht eines Silbertabletts voll mit nachkolorierten Meeresfrüchten.

Diese unterbelichteten Mängel der Beherbergungsindustrie hätte die Fremdenverkehrsdame einst am Telefon wohltuend verschwiegen. Heute aber strauchelt der Buchungswillige von einer schlimmen Hotel-Beschreibung zu nächsten, klickt sich halbstundenlang durch Zimmerbeschreibungen und -ansichten, die so detailliert sind, dass sich an jedem Angebot irgendwas zu mäkeln finden lässt. Selbst der Verweis »Kleine Haustiere erlaubt« reicht dem inzwischen stark Sensibilisierten irgendwann, um sofort das nächste Angebot zu öffnen. Die Hotelangebote einer größeren Stadt sind vielfältig und die Preise gehen nur gemächlich nach oben.

Schließlich, es ist schon spät, passiert der große Moment: Die Fotos zeigen genau das nette kleine Efeu-Stadthotel, das er gesucht hat, die Beschreibungen und violetten Sonnen dazu gehen durch die Decke, sogar der Preis stimmt – jetzt wird online gebucht! Nur schnell vorher noch die Bewertungen der anderen Hotelgäste lesen. Denn das ist wieder so ein www-Gefallen, den noch nie jemand eingefordert hat: Privatmeinungen anderer Hotelgäste zu veröffentlichen. Sie fallen in aller Regel entweder pedantisch (»Leider war das angebotene Briefpapier nicht chlorfrei gebleicht. Ein No-Go für so ein Hotel.«) oder irgendwie zweifelhaft aus (»Lol, mein Honigbär und ich hatten hier viiiiiel Spaß und das Büfett war superoberlecker!!«). Die Engländer bemängeln überall auf der Welt, dass der Wasserkocher für Tee fehlt, die Holländer finden alles immer gut und die Spanier immer alles schlecht. Jedenfalls verderben diese Stimmen noch mal so manchen großen Hotelportal-Fund und schicken den Zimmersuchenden wieder zurück in die Ergebnisliste. Hat er sich endlich durchgearbeitet, ist er immerhin eines: hotelreif.

Im Internet
sind alle Hotels schön

Von den Buchungsportalen ist es nur ein kleiner Schritt bzw. Klick zu den Homepages der Hotels. Was früher als Prospekt mit der Post kam, ist dort jetzt in ein paar Sekunden am Bildschirm zu erfahren: aufreizende Schmuckbilder von Menschen, die in Kutschen auf der Hotelauffahrt herumsitzen, Models, die sich am Beckenrand des Hotelpools abstützen und im Mund einen Strohhalm tragen, der zu einem Cocktailglas führt. Und natürlich viele Ansichten von Haus und Hof, allesamt garniert mit schmeichelnden Unterschriften:

> *Genießen Sie unsere 44 Doppelzimmer*
> *mit allem Komfort!*
> *Tauchen Sie in unserem hoteleigenen*
> *ScubaDuba-Spa ab!*
> *Relaxen Sie in unserer speziellen*
> *Relaxing-Zone im ersten Stock!*
> *Lassen Sie sich von unserem Küchenchef mit*
> *internationalen Schmankerln verwöhnen!*

Das Ausrufezeichen ist der beste Freund des Hotelmarketings.

Dazu hat es sich ab vier Sterne eingebürgert, eine brachial sanfte Hintergrundmusik aus den Computerboxen plätschern zu lassen, die das Relaxerlebnis beim Menschen am Computer schon mal vorsorglich einleiten soll. Bei Hotels im Alpenraum, die auch Heubäder anbieten, dürfen es auch gerne zünftige Jodelweisen sein. Man muss kein Misanthrop sein, um schon dadurch seine Buchung noch mal zu überdenken.

Sonst ist das ja aber alles sehr schön und die Möglichkeit, einen genaueren Blick auf die baldige Ruhestätte zu werfen, auf jeden Fall theoretisch ein Vorteil. Schon hier gilt: Je teurer die Zimmer, desto aufwendiger sind die Flash-Animationen, die sich da übereinanderschieben, die Slideshows und Schmucktapeten, im Grunde immer das Gleiche. Irgendwo in Indien muss eine Firma residieren, die alle Hotelwebseiten dieser Welt programmiert, für jeden Anspruch gibt es dabei einen Baukasten. Die Hotelwebseitenprogrammierer tendieren aber leider dazu, den Schmuckaspekt einer Hotelhomepage weit über den Nutzen zu stellen. Nie findet man einfach so auf die Schnelle was man möchte: zum Beispiel eine simple Bildergalerie, in der die einzelnen Zimmerkategorien mit je vier einfachen Bildern dargestellt sind, dazu der Preis und ein Kalender, in dem man sieht, wann dieses Zimmer noch frei ist. So etwas findet sich nie, stattdessen navigiert man verloren durch Rubriken, die »Impressions«, »Design-Philosophy«, »Unser Credo« und »Views« heißen und hinter denen sich nichts verbirgt als verzerrendes und unpraktisches Marketing-Gemauschel. Wenn Sie in letzter Minute vor dem Aufbruch zum Flughafen nachschauen wollen, wo das

Hotel in Rom eigentlich genau liegt, gar noch eine Anfahrtskizze auszudrucken gedenken, scheitern Sie für gewöhnlich irgendwo in den Katakomben einer Homepage, die damit beschäftigt ist, Slideshows zu laden oder Filmeinspielungen über Heubäder.

Dem Vielreisenden dienen die Homepages der Hotels aber auch bereits als taugliche Hinweise auf die Güte des angesteuerten Hotels, hier ein paar einfache Regeln:

Die Seite befindet sich noch im Aufbau.
Bedeutet: Das Hotel ist vielleicht auch nicht ganz fertig. Oder es mangelt auch noch an anderen wichtigen Dingen, zum Beispiel einer Heizung.

Die Homepage ist noch nicht aktualisiert und lockt auch im Juni noch mit dem »Winterzauber und Hüttengaudi«-Banner.
Bedeutet: Hier ist man überlastet, vergisst gerne mal was und kennt sich auch sonst eigentlich nicht aus und die Speisekarte im Restaurant ist auch noch die gleiche wie im Winter.

Die Homepage ist in Pastelltönen gehalten, völlig überladen und mit Goethe-Zitaten in schnörkeliger Schreibschrift überdeckt.
Bedeutet: Achtung, romantisches Landhotel, in dem Sie von der Besitzerin im Trachtenlook empfangen wer-

den und in dem Ihnen ein Schlemmerfrühstück serviert wird.

Alles ist grau; verschiedene Symbole bewegen sich langsam auf und ab, sie werden gezwungen, sich ein künstlerisches Intro anzusehen, bevor die Seite richtig aufgeht, aus den Boxen kommt Flughafen-Jazz.
Bedeutet: Konstruktivistisches Designhotel, in dem Sie kubistisch träumen werden. (s. auch S. 75)

Fanfarenmusik, gediegenes Navigationsmenü, Ihr Mauszeiger verwandelt sich in eine kleine polierte Goldkugel, eine Bentley-Werbung steht am Rand.
Bedeutet: Lösen Sie vor der Anreise Ihren Bausparvertrag auf!

Bitte recht freundlich!
Kleine Hotelzimmer-Fotokunde

Egal ob auf der Homepage, einem Buchungsportal oder im Prospekt – Fotos sind das entscheidende Mittel der Hoteliers im Kampf um Ihre Kreditkarte. In diesem Kampf ist, was nicht jeder weiß, alles erlaubt, vor allem alles, was die fotografierten Mini-Zimmer größer und die schäbigen Eingangshallen prachtvoller erscheinen lässt. Und die Fotografen leisten Erstaunliches. Der klassische Fall: Das Hotel in »unmittelbarer Strandnähe« sieht auf den Bildern aus wie ein paradiesisches Hide-Out im Dschungel und entpuppt sich erst vor Ort als Verkehrsinsel, eingezwängt zwischen Strandstraße (viel befahren) und Autobahnzubringer (viel befahren) (siehe auch S. 141).

Doppelzimmer der untersten Kategorie (»Economy«) wirken auf den Bildern stets derart großzügig dimensioniert, dass Sie zu Recht darüber nachdenken werden, warum es überhaupt noch andere Zimmergrößen gibt. Das schmerzhafte Verständnis dafür stellt sich erst bei Betreten der freudig gebuchten Economy-Zimmer ein, bei dem sich nicht mal die Zimmertür ganz öffnen lässt, weil das schmale Doppelbett den ganzen Raum einnimmt. Den kalten Fliesenboden und die verstörende 1982er-Geometrie-Tapete hatte das Foto ebenso verschleiert wie die Aussicht aus dem Fenster, die in Großaufnahme den komischen Ventilatorkasten der Klimaanlage zeigt. Trauen Sie also niemals irgendeinem Hotelfoto und seien Sie versichert: Die Wirklichkeit in den Hotels ist nie, nie, nie schöner als auf den Fotos, aber sehr oft trostloser. Noch was: Da wo die Kamera steht, ist immer die Wand, also bloß nicht annehmen, dass es in diese Richtung ja auch noch weitergehen würde. In langwierigen Lehrgängen lernen die Fotografen übrigens, sich links oben in die Ecke unter der Decke zu hängen.

Seien Sie also aufmerksam beim Betrachten von Hotelfotos. Sehen Sie noch andere Gegenstände im Zimmer, die Sie als Größenvergleich heranziehen können? Sind tatsächliche Freiräume neben dem Bett zu erkennen oder handelt es sich nur um geschickt drapierte Teppichaufwürfe und Spiegel? Sind die Vorhänge vor dem Fenster erkennbar halb geschlossen? Wird nicht vielleicht aus dem Hotelflur ins Zimmer fotografiert? Selbst wenn Sie eine gewisse Skepsis walten lassen – Sie werden trotzdem nie das tolle Zimmer bekommen, das Sie auf dem Foto gesehen haben. Das ist nicht Ihre Schuld – vielleicht existiert es in dem Hotel auch gar nicht. Es gibt nämlich, so munkelt man, eine Agentur, die in einer Lagerhalle bei Livorno opulente Musterzimmer aufgebaut haben, die sich die Hoteliers zum Abfotografieren mieten können.

Hauptsache Hochglanz.
Über Hotels in Büchern

Sollten jemals Außerirdische an Ihrer Tür klingeln und Aufklärung über die Eigenheiten der menschlichen Zivilisation einfordern, so bitten Sie sie doch erstmal rein, schon wegen der Nachbarn. Dann erklären Sie ihnen in Ruhe Hausschuhe, Stabmixer und Duplex-Garage, aber versuchen Sie nicht zu erklären, was Hotelbücher sind. Nämlich: teure, tonnenschwere Bände mit Farbfotografien von Hotelzimmern und Hotelbalustraden und Hotelbadewannen, die wir uns gegenseitig zum Geburtstag schenken und die Titel wie »Rural Hide Outs 2« oder »The Best Hotel Spas in the World« tragen.

Hotels, die in Hotelbüchern vorkommen, werden zwar sehr oft in Tagträumen zwischen Büroflur und Autobahnzubringer gebucht, in Wirklichkeit kommt man aber nie hin. Die Bücher, die viel zu unhandlich sind, um sie ernsthaft zu lesen, haben deshalb auch nur einen richtigen Zweck: Sie beschäftigen die Gäste, die mit beiden Händen ein paar Seiten darin umblättern dürfen, während sich die Gastgeber in der Küche leise zischend darüber streiten, warum die guten Weingläser nicht sauber sind. Wenn sie dann mit den schlechten Weıngläsern in der Hand und der schlechten Laune im Gesicht zurückkommen, sagen die Gäste pflichtbewusst: »Mönsch, wenn man sich die Hotels hier anschaut, Wahnsinn, da möchte man ja sofort in die Karibik fahren. Wo geht's denn bei euch diesmal hin?« – »Na, an die Weser zu Simones Eltern, wie immer.«

Das beste Hotelbuch ist übrigens das acht Kilo schwere »1000 European Hotels« aus dem rührigen Braun-Verlag. Wie der Titel schon andeutet, sind darin genau 1000 (überaus nette) Hotels fotografiert.

Watzlawick:
Was die Sterne sagen

»Weißt du«, sagt der weit gereiste Watzlawick und fächert sich mit einer Hand Luft zu, wie es Mädchen im Fernsehen zu tun pflegen, wenn sie demnächst anfangen zu weinen. »Weißt du, das mit den Sternen ist heute auch nicht mehr so interessant wie früher. Heute werden am Stadtrand Tagungshotels gebaut und schon auf der Bautafel steht, dass sie fünf Sterne haben werden.« Er bleibt stehen und zerrt gedankenverloren an einem Weißdornbusch herum. »Fünf Sterne! Und zwar nur, weil die Zimmer eine bestimmte Größe haben und irgendein Student nachts mit einem vorbereiteten Club-Sandwich neben dem Telefon schläft. Das gibt dann schon fünf Sterne, ha!«

»Aber das war doch schon immer so«, sage ich vorsichtig. Der weit gereiste Watzlawick sieht mich durch seine Watzlawick-Brille an, als würde er mir demnächst einen Stern aberkennen. »Früher«, schäumt er dann, »früher sind unabhängige Prüfungskommissionen mit diplomierten Hotelprüfern und unbestechlichen schwäbischen Haushaltsschulendirektorinnen durchs Land gereist und haben die Sterne vergeben. Im Mercedes!« Watzlawick stapft weiter, der Weißdornbusch zittert nach. »Die Hoteliers haben Angst gehabt, sie polierten jeden einzelnen ihrer Sterne jeden Tag auf Hochglanz. Heute druckt sich doch jeder aufs Briefpapier, was er möchte, und wenn einer nur drei Sterne hat, dann macht er sich eben fünf Sonnen um den Hotelnamen oder vier Diamanten. In Dubai gibt es ja sogar ein Sieben-Sterne-Hotel, einfach so, das ist doch ein Witz. Bald kriegt jedes Haus so viele Sterne, wie man vom Zimmer aus sieht, oder wie?« Er setzt sich in die Mitte der einzigen freien Parkbank im Alten Botanischen Garten, atmet schwer und bräuchte jetzt einen Gehstock, auf den er sich stützten könnte, während er weitererzählt. Aber er hat keinen. »Im Ausland kannst du dich sowieso nicht auf die Sterne verlassen, da musst du nach deinem Instinkt gehen und dir die Hotelauffahrt ansehen oder die Lobby, damit du weißt, was dich erwartet. In Spanien sind die Vergabekriterien sehr streng, da gibt es Zweisterne-Hotels, die keine bessere Bewertung kriegen, nur weil die Zimmer keinen Meerblick haben. In Frankreich dagegen, hüte dich vor allem unter drei Sternen, es sei denn, du möchtest gerne die Straßenseite wechseln müssen, wenn du dir die Zähne putzt. Generell, hörst du, generell: Schau' dir lieber an, wie die Topfpflanzen neben der Rezeption gepflegt sind oder ob alle Leuchtbuchstaben im Hotelschild funktionieren, vergiss die Sterne. Und dann …« Er überlegt, ob es nicht zu lapidar ist, sagt es dann aber trotzdem: »Ein italienisches Vier-Sterne Hotel irgendwo am Strand würde hier nicht mal zweieinhalb kriegen, während ein Schweizer Vier-Sterne-Haus mit Tradition in der restlichen Welt ein gefeiertes Fünf-Sterne-Haus würde. Und Fünf Sterne London ist besser als Fünf Sterne Berlin. Aber auch doppelt so teuer. Ach, eigentlich ist es mit den Sternen ein bisschen wie mit Landeswährungen, sie haben überall einen anderen Kurs. Man muss umrechnen. Allerdings«, er seufzt, weil er merkt, wie sein Bild in die Schieflage gerät, »allerdings kriegen wir in den meisten Ländern, in denen wir mehr für unsere Mark, äh, Euro kriegen, weniger für unsere Sterne, es ist also gewissermaßen diametral, umgekehrt nicht wahr, obwohl, so ganz stimmt das auch nicht, in Thailand zum Beispiel, ein Wahnsinnshotel, jedes Zimmer zwei persönliche Angestellte, und morgens, weißt du...«, der weit gereiste Watzlawick murmelt unverständlich noch eine Weile weiter. Wer genau hinhört, kann dabei immer wieder die Wörter »Oriental« »Bangkok« und »Siebensterneplus« hören.

...sie haben überall einen anderen Kurs...

Aller Lasten
Anfang

Das Schlimmste am Verreisen ist das Gepäck. Schon einer einfachen abstrakten Betrachtung hält das Prinzip nicht stand: Man schleppt eine Auswahl gebündelter Habseligkeiten durch die Welt und besudelt die zauberhaftesten Hotelzimmer und andere schöne Erdflecken, in dem man ebendort ein zerknittertes Best-Of der altheimischen Kleiderkammer ausbreitet. Es mag auf unsere Wurzeln als Nomaden oder Marketender hinweisen, aber schön ist das bollige, zentnerschwere Gewuchte, das traurige Geschleppe und Gezerre an den Flughäfen und in den Hotelaufzügen nicht. Ach, hätte man jene französische Lässigkeit wie sie Michel Piccoli in »Die Dinge des Lebens« an den Tag legt, der zur Sommerfrische ans Meer fährt, ganz ohne Gepäck nur die Zigarette auf den Lippen, und auf Nachfrage angibt: »Ein frisches Hemd kaufe ich mir unterwegs«. Diese Leichtigkeit lässt ihn zwar auch stark beschwingt und umgehend an einen Baum fahren, aber immerhin durfte er davor Romy Schneider küssen.

Nun, wer nicht bereit ist, derlei Extrem auf sich zu nehmen, der begibt sich auch weiterhin in die Niederungen der Gepäckkultur. Dort gibt es ohne Zweifel auch einige hübsche Taschen und erstklassige Koffer. Um das letzte Filmbeispiel zu bemühen: Die Louis-Vuitton-Koffersets etwa, mit denen sämtliche Protagonisten von »Darjeeling Limited« durch Indien reisen, sind nicht nur ansehnlich, sondern machen auch einen überaus stabilen Eindruck. Derlei Ausrüstung dürften aber die wenigsten Reisenden in Erwägung ziehen. Nicht nur weil es Sonderanfertigungen sind, sondern weil schlicht kaum einer den nötigen Lagerraum für eine ganze Kofferkollektion hat. Denn außerhalb einer Reisetätigkeit sind Taschen und Koffer nichts als lästiges Sperrgut, das Daheim im Weg steht und die Fangquoten für Hausstaub ausreizt. Jeder Normalmieter ist also bestrebt, seinen Vorrat an Reisebehältnissen klein zu halten, und damit fängt das Übel an – bei der Anschaffung sucht er möglichst universell einsetzbare Modelle. Es sollten damit sowohl der Silvesterurlaub auf der Alm, der Citytrip durch Barcelona als auch die Tretbootreise in die Arktis bewältigt werden können. Das Ergebnis dieser Überlegungen ist für gewöhnlich ein Zwitter aus Koffer und Tasche, mit Rollen, Henkel, Trageriemen und Zierkordel, groß wie ein Kalb und wendig wie ein Schrebergarten. Schlimmer als das: Es ist seinem Inhaber auch nie das Richtige, an keiner Destination. Im feinen Stadthotel beneidet er die elegant abgewetzten Weekender-Taschen der anderen, bei der Tretbootreise die wasserdichten Pakete der Berufs-Abenteurer, am Flughafen-Gepäckband die Puristen mit den Rimowa-Alukoffern, die jede Behandlung wegstecken und bei der Individualreise alle, die mit einem dynamischen Rucksack sowohl enge Hotelflure als auch kleine Zugabteile meistern.

Halten wir fest: Das Universal-Gepäckstück macht also auf Reisen unglücklich, viele Spezialgepäckstücke machen aber daheim unglücklich. Was ist der Ausweg? Zum einen der Verzicht auf Hotelurlaub und Massenbeförderung – wer ein Ferienhaus mit dem Auto ansteuert, kann seinen ganzen Plunder auch gut und gerne in Tengelmann-Tüten in den Kofferraum kloppen und braucht weder Trageriemen noch Alukoffer.

Zum anderen könnte man sich eben auch einfach mal unterwegs ein neues Hemd kaufen.

II

SCHLAFEN FÜR FORTGESCHRITTENE

Mami hat jetzt Urlaub! Einakter an der Rezeption

Die Lobby eines Vier Sterne-Hotels in einer europäischen Hauptstadt, zum Beispiel in Wien. Es ist kurz vor fünf. Die Eingangshalle ist von sanftem Nachmittagslicht beleuchtet und von ein paar alten Kronleuchtern, an denen die funktionierenden Birnen in der Minderheit sind. Die Drehtür am Eingang flappt ruhig und gleichmäßig und gelegentlich spuckt sie Menschen in die Lobby. Gerade wird ein älteres Ehepaar aussortiert, das sich eindeutig im Urlaub befindet. Der Mann trägt eine Weste im Farbton »Sahara« und zieht einen weinroten Hartschalenkoffer, seine Frau trägt eine Sonnenbrille mit Strasssteinen und einen Rucksack, groß wie ein Baseball. Weil sie beide im gleichen Abteil der Drehtür waren, sieht es ein bisschen aus, als würden sie mitsamt Koffer in die Lobby geworfen.

ER *(stolpernd)*: Menschenskinder!
SIE *(stolpernd)*: Was?
ER: Das ist nur für eine Person.

SIE *(sieht die Kronleuchter)*: Das ist aber nett hier.

ER: Machst du?

Er deutet auf die Rezeption, an der sich ein Portier gerade anschickt, unter seinem Tisch zu verschwinden.

SIE *(flötet)*: Nei-hein, Mami hat jetzt Urlaub!

ER *(unruhig)*: Ich habe aber meine Brille jetzt nicht…

Er klopft die vielen Taschen seiner Weste ab. Der große burgunderrote Koffer steht immer noch direkt vor der Drehtür und verwehrt einem amerikanischen Paar den Zutritt. Es dreht weiter Runden in der Drehtür. Der Mann mit der Weste hat jetzt seine Brille gefunden und setzt sie umständlich auf die Nase.

ER: Dann wollen wir mal.

SIE *(flüstert)*: Frag' gleich mal nach der Thalassi-Massage aus dem Prospekt.

ER: Das kann man ja auch später… *(brüllt)* Gott zum Gruße, junger Mann!

Der Portier schreckt auf und verfehlt dabei sehr knapp die Kante des Rezeptionstresens. Mit rotem Kopf erwidert er unangenehm berührt den Gruß, indem er ergeben nickt.

ER: Birnsmeier.

PORTIER: Bitte?

ER *(stoisch)*: Birns-meier, aus Rotthalmünster.

PORTIER: Also, Sie haben reserviert, ja? Ich sehe mal nach.

Er wendet sich seinem Computer zu

ER *(flüstert zu ihr)*: Nicht ganz auf Zack, das Personal.

SIE *(flüstert zu ihm)*: Und sag' Nichtraucher.

ER: Jaja.
SIE *(laut)*: Das Wetter war bei uns aber besser.
Das amerikanische Paar hat die Kofferhürde beherzt genommen und durchquert jetzt siegestrunken die Lobby.
SIE: Du schau, das sind Amis! Erkennt man gleich.
ER: Wo?
PORTIER *(konzentriert)*: Also, da habe ich jetzt nichts gefunden, im Computer…
ER: Was?
SIE *(ringt nach Luft)*: Was, ja das ist doch…!
Beide hängen sich halb über den Rezeptionstresen und fixieren böse den Computer.
PORTIER: Moment, ich schau noch mal hier.
(Er blättert in einem großen Buch.)
Wir sind nämlich eigentlich ausgebucht…
SIE *(schrill)*: Ha! *(noch schriller)* Ha! Ha!
PORTIER *(unbewegt)*: Doch, ah, hier ist es, der Kollege hat »Biermais« aufgeschrieben. Vier Nächte Halbpension, ja?
ER *(misstrauisch)*: Ja, äh, schon. Wie Biermais?
PORTIER *(geschäftig)*: Falsch verstanden, am Telefon vielleicht. Wenn Sie das hier bitte ausfüllen wollen.
Er legt den Meldezettel auf den Tresen.
ER *(rührt sich nicht)*: Wir haben aber im Reisebüro Darchinger gebucht. Die kennen uns. *(Zur Frau)* Hast du die Nummer vom Darchinger da, zum Anrufen?
SIE *(laut, unkontrolliert)*: Sag' Thalassi-Massage!
PORTIER: Frühstück und Abendessen werden im Restaurant im ersten Stock serviert.

SIE: Frag', wo das ist!
ER *(zögert beim Ausfüllen)*: Ich schreibe jetzt aber Birnsmeier, oder soll ich Biermais…?
PORTIER *(gelangweilt)*: Einfach Ihren Namen
ER: Nur falls das in Ihrem Computersystem, äh, nicht, dass…
SIE *(notarisch)*: Unseres war für 88 Euro pro Nacht mit Begrüßungsflasche Wasser!
Der Portier nickt.
ER *(füllt jetzt aus, hektisch)*: Hol mal die Pässe!
SIE: Die sind jetzt ganz unten. Du hast gesagt, wir brauchen die nicht.
ER: An der Grenze! Aber hier für die Nummer natürlich schon.
Er wirft dem Portier einen Ehemann-Blick zu. Der Portier tut, als hätte er ihn nicht gesehen. Sie klappt den burgunderfarbenen Koffer auf dem Teppich vor der Rezeption auf. Zum Vorschein kommen sorgfältig gestapelte Blusen und Westen und sehr große Kulturbeutel.
PORTIER: Das ist dann Zimmer 406, hier ist schon mal Ihre Karte.
ER *(konzentriert, liest laut)*: Nationalität – Deutsche! Anreise mit… soll ich Privat-PKW schreiben oder brauchen Sie das Kennzeichen und so?
PORTIER: Lassen Sie es einfach weg, so, das reicht schon.
ER: Nein, nein, die Passnummern fehlen noch.
Seine Frau reicht die Pässe.

SIE *(nimmt den Portier ein wenig beiseite)*: Ich möchte aber von einer Frau massiert werden.
PORTIER *(irritiert, förmlich)*: Unser Wellnessbereich »Diamond Ocean« und die finnische Holzfällersauna öffnen wieder um siebzehnuhrdreißig.
ER *(hält die Hand auf)*: Schlüssel!
PORTIER: Wie?
ER *(gönnerhaft)*: Na, Sie sind wohl verliebt. Wir brauchen doch noch den Zimmerschlüssel.
SIE *(lustig, deutet auf den Portier)*: Verliebt is' er!
PORTIER *(zeigt auf den Tisch)*: Hier hatte ich bereits ihre Türkarten. Einfach in den Schlitz an der Tür...
ER: Ohne Schlüssel?
SIE: Ja, jajajaja, das hat die Silke auch von New York erzählt...
ER *(sieht nachdenklich die Türkarte an)*: Und zusperren, also von innen, wie geht das?
SIE *(zum Portier)*: Unsere Tochter war nämlich in New York mit ihrem Zukünftigen, also, wir hoffen, dass es der Zukünftige wird, nicht wahr, *(sie knufft ihren Mann)*, der Heiko! Mein Mann sagt immer Heino.
PORTIER *(ausdruckslos)*: Verstehe. Die Aufzüge sind gleich da hinten.
Er schnappt sich die Karten und dreht sich und seine Frau um.
ER: Abmarsch!
Vor ihm liegen ein karierter Pyjama und zwei gefaltete Unterhemden auf dem Boden.

ER: Ist das mein Schlafanzug?

SIE *(resolut)*: Ja mein Gott, nimm ihn halt schnell in die Hand. Du brauchst ihn doch eh gleich.

Er klemmt sich den Pyjama unter die Achsel, wobei sich das Kleidungsstück in voller Pracht entfaltet. Sie nimmt seine Unterhemden. Im Abgehen tuscheln sie miteinander.

ER *(zischt)*: Welches Zimmer hat er gesagt?

SIE *(zischt)*: Du hast doch mit ihm gesprochen.

ER *(zischt)*: Schau mal auf die Schlüssel.

SIE *(zischt)*: Die hast du doch.

ER *(zischt)*: Ne, ich hab nur die Karten.

SIE *(zischt)*: Und?

ER *(laut)*: Steht nichts drauf.

Sie verschwinden in einem Seitengang. Die Drehtür flappt leise und dreht sich, aber niemand kommt herein.

HOTELACCESSOIRES, DIE WIR LIEBEN

Folge 1:
Die Keycard

Gebenedeit sei der Fortschritt. Er führt dazu, dass man an der Rezeption keinen prächtigen, goldenen Schlüssel mehr ausgehändigt bekommt, sondern ein schäbiges Kärtchen – als wäre man ein Auto im Parkhaus. Mit diesem Kärtchen passieren allerhand Dinge, die mit Schlüssel nicht passiert wären: Sie öffnen die Türen nicht, weil »der Chip irgendwie kaputt« ist. Man trägt sie aus Versehen im Geldbeutel mit nach Hause oder man setzt sich drauf und die Dinger sind kaputt. Sie verschwinden zudem wie nichts anderes unter Prospekten und hinter Schreibtischen. Außerdem entfällt dank ihnen eine der schönsten Prozeduren, die das

Hotelwesen zu bieten hat: das Abgeben von goldenen Schlüsseln, wenn man das Haus verlässt und der menschelnde Moment, in dem der Portier ihn dann wieder vom Schlüsselbrett herunternimmt und mit einem »Gute Nacht« überreicht.

Das Haar
im Zimmer

Beinahe das Beste, was ein Hotelzimmer bieten kann, ist der Augenblick des ersten Türöffnens. Egal ob man ein Zimmer in der Almhütte oder im Elfenbeinpalast betritt, dieser erste Moment ist magisch, man rauscht aus der Unordnung der Anreise in die beruhigende Ordnung eines aufgeräumten Zimmers. Die frischen Laken, das blanke Bad – es ist, als ob man in ein ganz neues Kleidungsstück schlüpfen würde, als ob man der erste Mensch in diesem Raum wäre. Man tänzelt mit Koffern und Taschen hinein und schaut, einem seltsamen Reflex folgend, erstmal aus dem Fenster, wie ein Feldherr auf erobertes Gebiet. Genau dafür hat man bezahlt, für dieses gute Gefühl der Eroberung von Neuland. Unterwürfige Einrichtung umgibt einen, huldvoll grüßen herausgeputzte Sessel und prall gefüllte Shampoofläschchen. Dergestalt stimuliert tritt man in Pralinenstimmung ins Bad, um sich die Hände zu waschen. Dort passiert etwas, das den ganzen Zauber aufhebt und das wunderbare Eroberungsgefühl zermatscht.

Es ist ein Haar. Dieses Haar gibt es immer, selbst Kempinski-Standards und Peninsula-Klassen entkommt es, manchmal muss man ein wenig suchen, aber keine Sorge, das Haar ist da. Es wohnt in einer Fuge, klebt hingeföhnt an einer der oberen Kacheln, fläzt sich besonders ordinär halb rechts hinter der Kloschüssel auf dem Boden oder

... huldvoll grüßen herausgeputzte Sessel ...

liegt, der Klassiker, in der Badewanne. Natürlich gibt es auch Badezimmer, in denen sich mehr als ein Haar tummelt, aber meistens ist es doch nur eines.

Das ist, streng genommen, nicht so schlimm. Denn es ist trotz Haar noch genug Platz im Bad. Aber diese paar aschblonden Nanoquadratmeter, für die man nicht bezahlt hat, haben eine fatale Wirkung. Sie bedeuten dem stolzen Eroberer von eben nichts anderes als: Du bist nicht der Erste. Du leihst dir hier ein gebrauchtes Zimmer und ein gebrauchtes Bett, weil du kein eigenes hast. Millionen standen vor dir an dieser Kloschüssel. Millionen haben hier das Haar gefunden. Dein Rubikon ist eine Fußgängerzone.

Man kann das Haar dann böse fixieren, man kann es eigenhändig in den Müll werfen, was keine besonders männliche Geste ist, man kann es auch einfach ignorieren, das ist ganz egal. Seine Botschaft wird den ganzen Aufenthalt über wirken.

Wenn man nach dem Haarfund aus dem Bad tritt, ist das Zimmer, in das man eben noch unter Posaunenklang eingeritten ist, nicht mehr als ein Hotelzimmer. Die eigenen Taschen liegen schief darin, die Jacke auf dem Bett hat die Laken unwiderruflich zerdellt, die Spannung ist zerstört, wie die Spannung der Wasseroberfläche zerstört ist, wenn ein Tropfen Spülmittel darauf fällt. Das Haar hat gewonnen, das Haar gewinnt immer. In dieser Erkenntnis gibt es nur einen Trost: Man wird selbst auch ein Haar hinterlassen. Ein besonders schlimmes.

Wo ist das Bett?
Navigation im Zimmer.

Wenn Sie in einem Hotelzimmer das Bett suchen müssen, gibt es eigentlich nur zwei Möglichkeiten: Entweder sind Sie mit ihrer Chipkarte gerade versehentlich in den Putzraum eingebrochen (s. auch S. 39). Oder Ihr spanischer Assistent zu Hause hat doch wieder eine ganze Zimmerflucht gebucht, obwohl Sie ihm diese Scherze doch verboten hatten. Trifft Letzteres zu, so brüllen Sie gefälligst nach dem Butler, der zu so einer Zimmerflucht gehört. Er wird hinter dem Blumenbouquet vortreten und Ihnen den Weg weisen. Stehen Sie tatsächlich im Putz- und Versorgungsraum, empfiehlt sich ein vergleichsweise stummer Rückzug – aber stecken Sie dabei ruhig zwei von diesen Kissenschokoladentäfelchen ein.

Ach, eine dritte Möglichkeit gibt es doch noch – Sie haben gerade ein Zimmer in einer gewissen Pension in Ybbs an der Donau betreten. In diesem Fall tragen Sie vermutlich einen Fahrradhelm, denn Ybbs ist Etappe am ebenso paradiesischen wie hoch frequentierten Donauradweg von Passau nach Wien. Lassen Sie den Helm ruhig auf, gleich werden Sie Bekanntschaft mit einem der wenigen, noch touristisch eingesetzten Schrankbetten machen. Diese Geräte beziehen ihren Reiz seit jeher aus enormer Durchschlagskraft bei gleichzeitig gewahrtem Überraschungsmoment.

In den allermeisten Fällen wird aber das Gegenteil einer Suche nötig sein. Das Hotelbett ist nicht zu verfehlen – weil es das Zimmer ist. Wer England je mit schmalem Budget (also weniger als 60 Pfund pro Nacht) bereist hat, wird nicht umhin kommen, den britischen Hoteliers für ihre Passgenauigkeit und Kreativität in Bezug auf die effiziente Einrichtung Respekt zu zollen. Im mittelenglischen Porzellanstädtchen Stoke-on-Trent beispielsweise gibt es ein Zimmer, das auf den Hotelgast zugeschnitten ist wie ein Anzug aus der Savile Row. Allerdings slimfit.

Man kann dort vom Bett aus nicht nur die Zimmertür öffnen, sondern auch Wasserkocher, Hosenbügler und das entzückend schlecht schließende Fenster bedienen. Um das Bett herum verläuft ein Bettgraben von etwa 20 Zentimeter Breite, den man schnell mit nassen Klamotten (es regnet hier oft) und Tüten des benachbarten Wedgwood-Outlets aufschütten sollte, was dann ein angenehmes seitliches Abrollen vom Bett ins Bad ermöglichte. Es muss nicht weiter erklärt werden, dass es selten einen entspannenderen Zimmeraufenthalt gibt. Einmal im Bett, zwingt einen hier nichts mehr heraus, selbst das Zimmermädchen lässt sich am nächsten Morgen lässig mit einer Hand unter der Klinke abhalten (s. auch S. 110). Keine noch so ausgereifte Multifunktionsfernbedienung kann das ersetzen.

HOTELACCESSOIRES, DIE WIR LIEBEN

Folge 2:
Die Bibel

Hat einen ähnlichen Status wie der Tomatensaft im Flugzeug oder das Goldene Blatt beim Friseur: Anderswo würde man den direkten Kontakt damit vermeiden, an diesem speziellen Ort aber wird die Benutzung zum Kult. So ist es ein gerne gepflegter O-Ton von Managern und Politikern, wenn sie reumütig bekennen: »Zum Abschalten im Hotel lese ich am liebsten ein paar Seiten aus der Bibel.« Es gibt in Doppelzimmern nur ein Bibelexemplar, obwohl es doch auch zwei Teetassen, zwei Nachttischlampen und zwei Seifen gibt – dass beide Gäste eines Zimmers in ihrer eigenen Heiligen Schrift schmökern, ist also nicht vorgesehen. Für Fernsehkommissare indes ist die Hotelbibel aus einem weiteren Grund unverzichtbar – an Tatorten wird gerne eine ausgerissene Bibelseite gefunden, auf der noch ein Stück Hotelstempel zu sehen ist. Gottlosen dient das Buch dagegen als universales Zimmer-Werkzeug: Notizzettel, Trittleiter, Staudamm nach Badflutungen, Wurfgeschoss gegen rabiate Hausdamen.

Andere Länder, andere Betten.
Nachtruhe für Fortgeschrittene

Eine gewisse Tragik erfährt das Prinzip Hotel dadurch, dass es sein Hauptversprechen, Schlaf in der Fremde, selten erfüllt. Zumindest selten in der ersten Nacht. Man ist doch im Pyjama ein sensibles Tierchen und die fremde Bettstatt ein ewiger Quell der Unzulänglichkeit. Es fängt damit an, dass sich das vorgefundene Bett in der Höhe diametral, manchmal mehrere Zentimeter, vom gewohnten Standard unterscheidet und man sich fortan entweder einbildet, man würde ein Steilwand-Biwak vornehmen oder andererseits so knapp über Bodenniveau nächtigen, dass man zum Einschlafen die Teppichknoten zählen könnte.

Trotzdem ins Bett geschlüpft, wird man, zumindest in Ländern des ehemaligen Commonwealth und den USA, aber auch in unerbittlich südlichen Gefilden zu einem menschlichen Einstecktuch – zwischen zwei straff gespannten Laken. Was ist das eigentlich für ein System? Die wenigsten Menschen benehmen sich im Schlaf doch wie Scheckkarten. Auch als ausgeglichener Typ sieht man sich doch gelegentlich zum Umdrehen, Strampeln oder gar probeweise Beinheben gezwungen. Ein vernünftiges Bett, zum Beispiel das heimische, besteht genau deswegen aus einer »schwimmend« verlegten Decke, die im Verlauf einer Nacht die verschiedensten Kompressionszustände erfährt.

. ein ewiger Quell der Unzulänglichkeit…

Nun, wenn alles wäre wie daheim, wäre es ja auch langweilig und schließlich Marco Polo …

So denkt man und zwängt sich also unter das akribisch gestraffte Leinentuch oder fetzt es mühsam aus seiner doppelt eingeklemmten Verankerung. Beides ist einer Schlaf fördernden Besinnlichkeit nicht gerade dienlich. Hierauf keimt bald ein Gedanke, der nicht nur Hygienefreaks ein weiteres Viertelstündchen unterhält: Auf dem knochenhart gestärkten Laken liegt für gewöhnlich eine Steppdecke, die gerne auch den Charakter einer Tagesdecke hat. Diese Decke ist meist das, was man daheim »nicht bezogen« nennen würde. Das Scheckkarten-Leintuch-System, so grübelt der darunter gefangene Gast, beruht also auf der Annahme, dass es genüge, das Strafftuch auszuwechseln, die Tagesdecke jedoch bleibe im Idealfall aber vom Direktkontakt mit den Bodys unberührt und wird, so der Generalverdacht, deswegen nur einmal im Jahr ausgeschüttelt. Sicherlich, man ist kein Pedant, trotzdem fühlt man sich nach dieser Überlegung wohler, wenn die Decke den Knie-Meridian nicht Richtung Gesicht überschreitet.

Dergestalt verunsichert hofft man auf schnellen Schlaf, der einen weiterführender Gedanken enthebt. Licht aus! Man bedient sich hierzu der Schalterbatterie an der Bettseite und verursacht ein hübsches Illuminationsspiel in der ganzen Suite: Licht im Badezimmer an und aus, Deckenlicht an und aus, Nachttischlampe auf der anderen Doppelbettseite an und aus, eigene Nachttischlampe aus. Sehr schön.

Die Bewunderung für den Elektriker, der hier mehrere Kilometer Kabel verlegt hat, kann danach nicht darüber hinwegtäuschen, dass es im Zimmer immer noch hell ist. Es gibt eine Stehlampe. Diese Stehlampe hat man nicht selber angeschaltet, diese Stehlampen werden stets vom aufmerksamen Personal zur Begrüßung angeknipst. Stehlampen kann man nie vom Bett aus löschen. So schält man sich aus seinem strengen Kokon und nähert sich der Lampe in unfreundlicher Absicht, fährt müde mit der Hand von der Glühbirne bis zum Stehlampenfuß in der Hoffnung, unterwegs dem Schalter zu begegnen. In den seltensten Fällen geht das in Erfüllung, denn ach, es gibt tausend Arten eine Stehlampe zu bedienen! Es gibt versteckte Schnürchen zum Ziehen, riskante Drehschalter an der Fassung, es gibt Fußpedale und Kabelschalter, ins Dekor integrierte Druckknöpfe und es gibt Designstehlampen, denen man durch Streicheln am Schirm das Leuchten ausreden muss.

Schließlich Triumph, Licht aus! Es ist stockdunkel. Man tapert Richtung fremdes Bett, fühlt sich endlich nahe genug, um mit einem befreienden Hopser darin zu landen, und stößt sich umgehend Knie und Kopf an. Entfernung für den Hopser falsch eingeschätzt.

Später, wieder zwischen die Laken gepfropft, geht befreit ausatmend der Blick ein letztes Mal gen dunklen Himmel – um dort festzustellen, dass der Hotelzimmerhimmel nicht dunkel ist. Es glitzern viele bunte Leuchtdioden an ihm. Eine grüne Leuchtdiode gehört zur Sprinkleranlage, eine rote zeigt den Rauchmelder an und eine große blaue krönt den Fernseher, der in der Zimmerecke hängt. Man fixiert die Privatdisko und redet sich dabei ein, dass diese klitzekleinen Lichtlein ja wohl nicht stören. Nach einer halben Stunde allerdings ist man sich sicher, dass nichts anderes vom verdienten Schlaf abhält, als die vermaledeiten, riesigen Leuchtdioden.

So geht es weiter. Es gibt ja auch noch eine Klimaanlage, die ein Geräusch macht, einen Aufzug auf dem Flur, es gibt zu warm oder zu kalt und überhaupt gibt es Kissen und es gibt das, was einem in den meisten Hotels als Ersatz dafür angeboten wird.

Irgendwann in diesem Strudel des Ungemachs übermannt einen der Schlaf des Erschöpften. Und morgens beim Aufwachen sieht man dann erstens im Spiegel Original-Hotelaugenringe und zweitens merkt man, dass man die olle Tagesdecke eben doch wieder halb im Mund hatte.

CHECKLISTE,
VOR DEM INS-BETT-GEHEN

■ Fernseher
Stecker gezogen? Da man dabei oft in die nicht-öffentlichen Bereiche eines Hotelzimmers vordringt, am besten mit geschlossenen Augen. Nur mit unterbrochener Leitung haben Sie alle Leuchtdioden deaktiviert und werden auch nicht vom Tele-Weck-System bedroht.

■ Lüftung im Bad
Macht sie noch Geräusche? Wenn sie ihren Betrieb einstellt, zehn Minuten nachdem Sie das Bad verlassen haben – gut. Wenn sie alle halbe Stunde von selber anspringt – schlecht. Schlagen Sie in diesem Fall mit einem stumpfen Gegenstand auf den komischen Plastikkasten im Bad. Wenn die Lüftung im Nonstop-Betrieb arbeitet: Binden Sie sich mit der Kordel vom Bademantel ein Kissen um den Kopf.

■ Stehlampe
Beginnen Sie mit ihr Ihren Verdunkelungsgang durchs Zimmer.

■ Kühlschrank
Deaktiviert? So klein er Ihnen vorkommt, das lautstarke Schüttern der Kühlschränke steht in keinem Zusammenhang zu ihrer Größe. Falls Sie also darin nicht gerade

Lachstartar aufbewahren, kappen sie ruhig seine Stromverbindung.

■ Bettdecken
Annähernd wie daheim? Haben Sie keine Scheu, den Zustand herzustellen, der Ihren Gewohnheiten am ehesten entspricht. Rupfen Sie die verstopften Laken aus den Ritzen. Falls nicht als Wärmelieferant benötigt, entfernen Sie die Tagesdecke und alle anderen Bettutensilien, die nicht bezogen sind – also auch Zierkissen, Teddybären, Nackenwulste.

■ Nachttisch
Gut präpariert? Sie brauchen Ihre Brille, eine Uhr, die Fernseherfernbedienung, ein Glas Wasser und die Ohrstöpsel in Reichweite. In gefährlichen Gegenden oder auf Safari empfiehlt sich eventuell auch ein Revolver. Profis lagern auch ein brauchbares Wurfgeschoss in Griffweite, etwa ein kleines Kissen oder eine Orange, mit denen sowohl eindringendes Reinigungspersonal abgewehrt als auch Störfaktoren wie Ventilatoren oder vergessene Lampen abgeschossen werden können (erfordert Zielgenauigkeit).

DAS ABC
DES HOTELFRÜHSTÜCKS

Ein gutes Frühstück kann ein schlechtes Hotelzimmer beinahe wettmachen. Und umgekehrt.

(A–F)
A wie Adlon-Frühstück

Ist insgesamt eher eine Enttäuschung. Zwar speist man mit Blick auf Brandenburger-Tor und internationale Prominenz, entbehrt aber weiterer Highlights, keine gefüllten Fasane, nicht mal ein großer Schinken zum Absäbeln, und die Marmelade kommt nur aus Wien und nicht aus der eigenen Manufaktur. Immerhin zucken die Kellner mit keiner Wimper, wenn man schon um acht Uhr Champagner bestellt. Brillant ist natürlich der Preis jenseits der 40 Euro. Viele Luxushotels verstehen übrigens ihr Präfix in diesem Sinne falsch, dass sie ein Frühstücksbüfett für zu gewöhnlich halten und stattdessen à la carte – Karten verteilen. Fragen Sie in diesem Fall ruhig ungeniert nach, ob das im Zimmerpreis inkludierte Frühstück auch alle Gerichte in beliebiger Anzahl aus dieser Frühstückskarte abdeckt, oder ob Sie dafür noch eine Zuatzversicherung abschließen müssen. Werkelt im Hotel ein Sternekoch, dann ist damit zu rechnen, dass weder Büfett noch Frühstückskarte vorzufinden sind. Lassen Sie sich in diesem Fall Ihre kurze Ratlosigkeit nicht anmerken und greifen Sie lieber nicht in die opulente Obstpyramide in der Mitte des Saales. Warten Sie ein paar Minuten, dann bauen die Kellner einen Zusatztisch an Ihren Tisch und servieren ein viergängiges Frühstücksmenü. Es zeichnet sich meistens dadurch aus, dass es gängige Frühstückswünsche auf Sterneniveau parodiert, also Käsebrötchen in geeister Form mit Wurstschaum an mundgeblasenem französischem Baguette vorsieht. Lassen Sie sich die Enttäuschung darüber ruhig anmerken, kein Mensch braucht morgens ein Sternemenü, denn es wird niemals an den simplen Genuss einer einmal geklappten Wurststulle herankommen.

B wie Butter

Kommt auf Frühstücksbüfetts entweder in Form von glitschigen Flocken, Mini-Paketen oder dicken, angeweichten Scheiben vor, die beim Versuch sie zu annektieren zerdatschen. Ist nie in der richtigen Menge auf dem eigenen Teller, dafür anschließend reichlich am Anzugärmel. Kann aber auch die Rettung sein, wenn es sonst nur karamellisierte Kutteln gibt.

C wie Concierge

Bei ihm landet jeder Gast, der im Vorfeld versäumte, sich nach dem Austragungsort des Frühstücks zu erkundigen. Der Concierge wird, wenn er Format hat, antworten: »Das Frühstück wird traditionell in unserem grünen Salon serviert.« Und dann wird er für immer schweigen. Es empfiehlt sich also, der Nase nach zu suchen – nicht da lang, wo es nach Kaffee riecht, das ist die Küche. Wegweisend ist stattdessen der Geruch nach frisch geduschten Menschen, der stets jeden Hotelfrühstücksraum übertüncht.

D wie Dauerberieselung

In Businesshotels gehört es zum vermeintlich guten Ton, mit zartbesaiteter Hintergrundmusik in den Tag zu verhelfen. Nicht wenige Gäste aber fühlen sich durch die Schlüsselreize »Musik« und »Tischkante« so an den vorherigen Abend erinnert, dass sie umgehend wieder Pils bestellen. Die Musik hat aber unbestritten einige Vorzüge: Sie überdeckt erstens das Klatschen des Regens auf dem Vordach und ermahnt zweitens allzu gemütliche Sitzenbleiber – spätestens nach dem zweiten Durchlauf der »Chilloutmoods«-Compilation ist es Zeit zu gehen.

E wie Eier

Inuit mögen 98 Worte für Schnee kennen, Hoteliers kennen 257 Interpretationen von Rührei. Am häufigsten bringen sie eine gelbliche Masse zur Aufführung, die in der Form des Wärmebehälters gestockt ist, und von der die Gäste Rühreischeiben schneiden, als wäre es ein Braten. Richtig interessant wird es, wenn ein Gast Ei im Glas bestellt – das scheint mittlerweile eine Kunst geworden zu sein, die nur noch Küchenteams von Luxushäusern beherrschen – oder die kleine Pension Garni ums Eck.

Flurfunk und
andere Störgeräusche

Nicht wahr, Sie gehen auch immer alleine, leise und zügig über einen Hotelflur? Weil es auf diesen unerquicklichen Hundert-Meter-Abschnitten ja nun mal nichts zu erleben gibt und jeder weiß, dass hinter den vielen geschlossenen Zimmertüren vermutlich Menschen um Hotelschlaf ringen. Gut, man mag vom vorangegangenen Bankett zwar vielleicht etwas angeheitert sein, aber selbst wenn man auf dem Hotelflur in netter Begleitung unterwegs ist, so senkt sich doch das Gespräch unter Vernunftbegabten außerhalb des Fahrstuhls auf ein Flüstern, um erst im Zimmer wieder fröhlich weiterzuplätschern. Eine Selbstverständlichkeit. Leider scheinen Sie und ich aber die Einzigen zu sein, die in Hotelfluren ein derart löbliches Verhalten an den Tag legen. Keine Regel lässt sich in Hotels rund um die Welt so konsequent bestätigt finden, wie jene vom Krawall auf den Fluren. Es ist kein richtiger Krawall natürlich, niemand wirft dabei scheppernde Mülltonnen um, es ist stattdessen ein immer gleicher, steter Flursound, über dessen Ursachen noch nie im amerikanischen Wissenschaftsmagazin »Science« berichtet wurde. Das Geräusch jedenfalls erweckt ein wenig den Anschein, als hätte vor der eigenen Zimmertür die Eingangshalle eine Zweigstelle eröffnet. Selbst in Hotels, die äußerst schwach belegt sind, werden, sobald Sie sich im Bett noch mal umgedreht oder vielleicht sogar in die Badewanne gelegt haben, im Flur Schiebekoffer rangiert, auf eine Art, dass jeder Güterbahnhof neidisch wäre. Wo es eben noch wie ausgestorben war, erklären Männer jetzt ihren Frauen durch die geschlossene Zimmertür, was es auf dem Frühstücksbüfett gibt. Kinder benehmen sich nach Kinderart. Reinigungskräfte, deren segensreiches Wirken sich mit vergleichbarer Vehemenz nicht in den Zimmern bemerkbar macht, rumpeln in Kolonnenstärke auf und ab. Von irgendwo dröhnt immer und unentwegt italienisches Radio. Und ewig geht laut schlagend die Nachbartür, obwohl, und das ist das Seltsame, dort doch nur ein leicht angegrautes Paar eingecheckt hat, das Sie im Aufzug noch freundlich nickend begrüßt hatten.

Bei aller angeborenen Seelenruhe – es badewannt sich schlecht mit der Ahnung, dass eine Wand weiter ein Exodus und Jahrmarkt stattfindet. Was treiben die nur? Was treiben die alle nur vor Ihrem Zimmer?

Eine Antwort darauf gibt es nicht. Selbst wenn Sie jetzt im Handtuch auf den Gang stürmen und die dreihundertköpfige siamesische Reisegruppe um Ruhe bitten würden, die Sie dort erwartet, so würden Sie doch allenfalls einen seriösen Herrn mittleren Alters vorfinden, der sich zügig und leise auf sein Zimmer begibt. Er wird Sie dabei mit einem Blick mustern, der klar macht, dass er jetzt weiß, wer für den ständigen Krawall verantwortlich ist.

Der Lärm auf den Hotelfluren ist also eher eine akustische Fata Morgana, eine übersteigerte Wahrnehmung desjenigen, der allein in seinem Zimmer sitzt und nichts zu tun hat, nicht einschlafen kann oder darauf wartet, dass endlich die Zeit für seinen Termin gekommen ist. Nervös lauscht er auf die Geräusche der fremden Umwelt, kann das Zirpen des Eiswürfelautomaten im Flur nicht einordnen oder jenes dumpfe Poltern, das klingt, als ob auf der anderen Seite eine Abrissbirne gegen das Haus donnern würde. Aber das sind nun mal nur festsitzende Geräusche in Hotels, man kriegt sie nicht weg. Reiben Sie sich nicht daran, sondern lassen Sie sich lieber davon einlullen. Denn erst wenn es wirklich mal ganz still wird auf Ihrem Gang, dann ist höchste Skepsis geboten.

CHECKLISTE
UNHEIMLICHE FLURGERÄUSCHE

■ **Geräusch: Etwas wie Bimmeln und Kollern**
Mögliche Ursache: Die Zimmernachbarn haben beim Room Service das große Frühstück für Verliebte bestellt und jetzt klimpern die Sektgläser auf dem Wagen des Pagen. Oder aber jemand bekommt ein Original Tanzäffchen geliefert.

■ **Geräusch: Viele brabbelnde Stimmen, weit entfernt**
Mögliche Ursache: Vor Ihrer Tür stehen vier Zimmermädchen in der Warteschleife. Oder eine mittlere Hochzeitsgesellschaft aus Turin wartet auf die restlichen 13 Gäste, um gemeinsam zum Abendessen zu gehen.

■ **Geräusch: Technoides Klackern und Rauschen**
Mögliche Ursache: Vor Ihrer Tür hat ein Kaffeeautomat / Eiswürfelbereiter / Schuhputzmaschine / Paternoster seinen Betrieb aufgenommen. Arbeiten Sie nicht gegen das Geräusch, sondern versuchen Sie, sich an seinen Rhythmus anzupassen.

■ **Geräusch: Japanisches Heulen**
Mögliche Ursache: Eine Reisegruppe aus Asien hat die sichere Umgebung ihres Busses verlassen, bewegt sich nun in Formation auf die gebuchte Etage zu und bemüht

sich die typische Unruhe in der Fremde durch kollektives Pfeifen und Summen zu überspielen. Oder aber Ihr Hotel wird von Kamikaze-Fliegern angegriffen.

■ **Geräusch: Stumpfes Pochen an die Tür, unregelmäßig**
Mögliche Ursache: Der Flur wird gesaugt. Oder jemand vom Hotel möchte Ihnen eine kleine Flasche Mineralwasser vorbeibringen, weil das hier um diese Zeit so üblich ist.

■ **Geräusch: Italienisches Radio, gedämpft**
Mögliche Ursache: Dieses Geräusch gibt es nicht wirklich. Es entsteht in Ihrem Kopf, sobald Sie auf Reisen sind.

III

VON SAUNALANDSCHAFTEN UND ANDEREN FEUCHTGEBIETEN

Bahn frei, Bademantel!

Aus der Anwesenheit eines Bademantels im Hotelzimmer schließt der mündige Gast, dass sich irgendwo im Haus noch ein Becken befinden muss. Eines, das größer ist als jenes, in dem er gerade seine Socken gewaschen hat. Das ist eine hübsche Sache, denn einige erfrischende Bahnen im Pool können, wie jeder weiß, zur Zuckerglasur einer Kurzreise werden. Nach dieser ersten Verheißung wirft die Beziehung zwischen Gast und Frotteeanzug aber auch gleich Schwierigkeiten auf. Zum einen liegen sie im Mantel selber, der meist seinen Unisex-Charakter nicht leugnen kann. Es sitzt das gestärkte Ding wahlweise knapp wie ein Judo-Oberteil, oder aber es verschluckt seinen Träger in einer Art, dass dieser wie eine laufende Lawine aussieht.

Zum anderen legt der Bademantel im Zimmer nahe, dass dies die vom Hotel vorgesehene Kleiderordnung für Poolbesucher ist und sein Anlegen quasi trocken zu erfolgen hat.

Dieses trockene Anziehen von Bademänteln erfüllt nicht wenige Menschen mit der gleichen Ungetümlichkeit, wie es auch das Ablegen auf Arztliegen in Straßenkleidung tut, zum Zwecke läppischer Untersuchung.

Zum richtigen Tragen von Hotelbademänteln gibt es leider noch kaum Fachliteratur. Fest steht, dass viel vom Gürtel abhängt. Dieser ist richtig zu binden: Nicht zu stramm, sodass sich obere und untere Stoffbereiche gleichsam abgeschnürt aufwulsten, aber auch nicht zu lässig, denn sonst verliert er seinen taillierenden Segen und wirkt wie eine Vorhangkordel. Das Hervorstehen von nackten Beinen lässt sich leider in keinem Fall vermeiden.

Diese Überlegungen sollen hier nur angestrengt sein, weil dem Gast nun mal die Lust nach einem Kopfsprung steht und er dafür bereit ist, sogar den Bademantel-Triathlon auf sich zu nehmen, in den Disziplinen: Flur, Aufzug, Konversation. Falls es sich bei dem gewählten Haus nämlich nicht um ein ausgesprochenes Wellnesshotel mit eigenen Bademantelwegen handelt, ist seine Durchquerung in Poolgarderobe ein delikates Unterfangen. Es gehört zu den ungeschriebenen Hotelgesetzen, dass sobald man bademantelig, mit zu kleinen Einwegschlappen an den Füßen und einem Handtuch um den Hals auf den Gang tritt, eine Abordnung japanischer Geschäftsfrauen aus dem Aufzug quillt. Ist das Zimmer noch in Reichweite, empfiehlt sich dann ungeordneter Rückzug in Selbiges. Wenn nicht, sollte man so selbstbewusst als möglich mitten durch den kreischenden Business-Haufen spazieren und dabei schielend Beschwörungsformeln murmeln. Das wirkt sakral und mönchisch, vor allem in Verbindung mit den zu kleinen Schlappen.

Ein geistlicher Einschlag schadet ohnehin nicht, denn einmal im Aufzug angelangt, empfiehlt sich ein Stoßgebet zu St. Cosmas und Damian, den Schutzheiligen der Bader. Mögen sie verhindern, dass auf der Fahrt zum Pool noch Menschen in Erwachsenenkleidung den Aufzug stoppen! Es betreten den Aufzug in Folge aber mindestens eine Familie aus Texas, ein dicker Italiener im strengen dunkelblauen Anzug und eine alte Frau mit Duttfrisur. Jede dieser drei zugezogenen Parteien hat ihre ganz eigene, zauberhafte Art, einen Bademantelträger zu mustern. Nach der ersten strafenden Verwunderung pflegen die Aufzugpassagiere dann andächtig zu Boden zu blicken. Dorthin, wo die nackten Füße eines Einzelnen inzwischen halbschief aus den Schlappen gerutscht sind und ein recht klägliches Bild abgeben.

Die letzte Phase ist schließlich mit leicht aufgelöstem Herumirren im Eingangsbereich des Hotels erreicht. Hier überzeugen sich Schulklassen, Honoratioren und strenge Portiers noch mal ausgiebig vom Sitz des Bademantels, bevor einer von Letzteren auf Nachfrage abfällig den Weg zu einer Treppe weist, über der ein klitzekleines »Blue Ocean Dream Spa«-Schild hängt. Das Abtauchen, erst optisch und dann auch physisch, hat sich der Bademantelträger jetzt redlich verdient.

halbschief aus den Schlappen gerutscht …

Da ist Wasser
in meinem Hotel!

Kaum ein Hotel traut sich noch ohne Spa vor die Tür. Aus ehemaligen Garagen und Weinkellern, Kräutergärten und Besenkammern werden im Rekordtempo Spas und Wellnessbereiche, Hamams und Dampfgrotten mit schaurigen Phantasienamen, in denen sich der Gast gefälligst erholen und seine Sinne baumeln lassen soll, sonst setzt es nämlich was. Die saftig erhöhten Zimmerpreise setzt es freilich auch, schließlich hat man jetzt Spa. Spa ist ein ungeschützter Begriff, ähnlich wie Journalist oder Pilsstüberl, nennen Sie Ihre Badewanne doch ruhig mal Intimate Spa, das erhebt auch nüchterne Gemüter.

Zurück im Hotel – keine Erfahrung ist dort weniger erholsam als die eines zu kleinen und knauserig budgetierten Hotel-Feuchtgebietes. Hotels, bei denen der Pool angebaut wurde, weil eben noch zehn Quadratmeter Platz waren, halten sich das Spa fortan um des Spas willen und um auf ihrer Homepage ein Foto mit einer halb nackten Dame führen zu können. Egal, dass diese sich vor einer Fototapete rekelt und nicht im real existierenden Kellerbecken. Publikumsverkehr ist dort nicht unbedingt erwünscht, denn die Hotels finden die hygienischen Mindestanforderungen an so eine Einrichtung fortan eher lästig. Sie machen deswegen seinen Gebrauch zu einem Hindernisrennen. Sie, als tapfer schwimmgewillter Bademantelgast, werden an der Tür zum Pool (mit Türgriff aus Breitholz) zum ersten Mal das Wort »Poolöffnungszeiten« kennenlernen und dass diese derzeit den Poolzugang zwischen acht und zehn Uhr, wochenends bis elf Uhr einräumen. Ist der Pool geöffnet, werden Sie am Beckenrand feststellen, dass es keinen Handtuchservice gibt und Sie nun wieder zurück durch die Lobby und in den vierten Stock wandern müssen, um ein kleines Zimmerhandtuch zu holen. Wenn Sie darauf verzichten, müssen Sie sich eine halbe Stunde später auf einen Rückweg einrichten, bei dem es aus ihrem Bademantel tropft. Tipp: Immer hängt in so einem Stiefpool ein Handtuch am Handtuchhalter, das keinem gehört. Es ist quasi wie die Kunstblumen auf der Treppe zum ersten Stock, es soll Leben vortäuschen. Benutzen Sie es ruhig!

Wer übrigens in Budapest im weltberühmten Gellert-Hotel an der Donau absteigt, in der Absicht, dort das noch weltberühmtere Gellert-Bad zu besuchen, hat eine sehr gute Idee gehabt. Er sollte aber großzügig zwei bis drei Tage mehr einbuchen. So lange benötigen Touristen im Schnitt, um die verzwickten und nur auf ungarisch vorliegenden Regeln der dortigen Bademeisterschaft zu verstehen, und am Ende eines komplizierten Verwaltungsaktes tatsächlich ein paar Bahnen in der wunderbaren Jugendstilhalle zu schwimmen. Es lohnt sich. Weil sich im Thermalwasser treibend auch hervorragend die verirrten Grüppchen von Menschen beobachten lassen, die in verschiedenen Stadien der Entkleidung von einem Bademeister quer durch die Schwimmhalle gejagt werden, um sich in den Katakomben auf der anderen Seite den Schlüssel zu holen, mit dem sie zwei Kellergänge weiter ein Schränkchen öffnen können, dessen individuelle Nummerierung wiederum ein humpelnder Ungar mittels Kreide vornehmen muss, welcher allerdings seit geraumer Zeit im ebenfalls weltberühmten Széchenyi-Bad beim Schachspielen weilt.

Wie Sie richtig ins Schwitzen kommen: Sauna International

Selbst Hotels, die sich keinen Pool leisten konnten, schreiben gerne eine Sauna in ihre Vierfarb-Prospekte und ergänzen die vollmundige Schilderung sogleich um das Bild einer pferdeschwänzigen Walküre mit Lendenschurz, die sich genüsslich mit einer Holzkelle Wasser über den Ellenbogen kippt. Wer sich davon angesprochen fühlt und im Hotel auf die Suche nach dem Schwitzort macht, wird erleben, dass in den meisten Fällen nur ein Wandschrank mit Holz ausgekleidet und mit einem Ofen versehen wurde. Was freilich immer noch das gewünschte Ergebnis zeitigt, solange jedenfalls kein anderer Hotelgast auf die Sauna-Idee kommt und auch die schlimme Walküre mit ihrer Holzkelle nicht vorbeischaut. Zwischenmenschlicher Kontakt in Hotelsaunen gehört zu den schwierigsten diplomatischen Kapiteln überhaupt und ist eine Sache für Profis. Wer je das Verhalten einer amerikanischen, japanischen oder britischen Kleingruppe gesehen hat, die das Spa eines Schweizer Luxushotels betritt und dort gewahr wird, dass sie einem Haufen splitternackter Deutscher, Österreicher und Schweizer gegenübersteht, der bekommt eine Ahnung von der kopflosen Panik, wie sie die alten Römer bei der Information ergriffen haben dürfte, Hannibal stünde vor den Toren. Das selbstverständliche Blankziehen beiderlei Geschlechts, sobald irgendetwas als Saunabereich ausgewiesen ist, gehört tatsächlich zu den sehr mitteleuropäischen Gepflogenheiten. In Finnland, dem Mutterland der Sauna, wird zwar nackt sauniert, aber nur im Familienkreis gemeinsam, sonst schön getrennt. In östlichen Ländern trägt man im Schwitzbad immerhin eine Art Lendentuch und aalt sich überwiegend mit seinesgleichen. Amerikaner und Briten gehen selbstverständlich in Badekleidung in eine öffentliche Sauna. Warum sich ausgerechnet die Deutschen dort an Tollkühnheit und vorbildlicher Freizügigkeit auszeichnen, möge von Saunaforschern beantwortet werden. Bis die EU verbindliche Regeln erlassen hat, sollte jedem Gast auf dem Weg ins Saunaparadies bewusst sein, dass in Hotels die unterschiedlichen Auslegungen des Saunierens aufs Schweißtreibendste aufeinandertreffen. Und die Informationskladde im Zimmer gibt zwar erschöpfend Auskunft über das Vorhandensein von Faxgeräten, drückt sich aber nahezu immer vor dem erwünschten Grad der Nacktheit hinter den Saunatüren (s. auch S. 92). Es ist wirklich ratsam, den Spa-Vorstand oder einen vertrauenserweckenden Portier nach der bevorzugten Art der Sauna-Kleiderordnung zu fragen. Denn als Einziger mit freischwingenden Geschlechtsteilen unter lauter Bikinis herumzuliegen und die genierten Blicke damit zu kontern, dass im Sauna-Paradies Oberallgäu schließlich alle so saunieren, könnte relativ schnell in einem strafbewehrten Eklat enden. Dasselbe gilt in Abschwächung übrigens auch für Massagen.

HOTELACCESSOIRES, DIE WIR LIEBEN

Folge 3:
Der Fön

Funktioniert grundsätzlich in jedem Hotel anders. Bekommt jedes Jahr mehr Sicherheitsschalter und Entriegelungsknöpfe verpasst und riecht trotzdem immer so verbrannt, dass man aus Vorsicht das Haus lieber mit halbnassen Haaren verlässt. Schon das Finden stellt bisweilen eine nicht reizlose Morgengymnastik dar. Weil man es einfach nicht für möglich hält, dass kein Fön vorhanden sein könnte, wuchtet man lieber die Doppelmatratze hoch, bevor man sich an der Rezeption nach der Fönpolitik des Hauses erkundigt. Weitverbreitet rätselhaft ist die Schaltkombination, die ver- oder entriegelt, gleichzeitig gedrückt oder kaputt geschlagen werden muss, bevor sich das Gebläse vernehmen lässt.

Nachdenkliches über
Body-Lotion-Fläschchen

Moderne Moraltheoretiker verbringen einen Großteil ihrer Zeit auf Podiumsdiskussionen mit der Frage, welche Teile einer Hotelzimmereinrichtung für die Mitnahme durch den Gast bestimmt sind. Ihre Denkarbeit dazu endet meist in einem flammenden Appell an die Bescheidenheit und geht somit an jeder Menschenwirklichkeit vorbei. Vom Podium ins Hotel zurückgekehrt, lockern sie im Bad Krawatte und Moral und dann stehen die Theoretiker wie jeder andere Sterbliche vor der Frage: Bodylotion auch?

Für gewöhnlich taugt dem männlichen Hotelgast nichts besser als Beweis des eigenen Anstands, als das kleine Fläschchen mit Hotel-Lotion nicht einzupacken. Die Seife und das Shampoo aber schon. Das hat ganz praktische Gründe. Erstens schmiert er sich ungern den ganzen Body ein. Zweitens reicht dafür das Fläschchen ohnehin nicht. Und drittens stapeln sich im heimischen Badezimmer, in geflochtenen Körben aus Seegras, bereits Mini-Bodylotions der unterschiedlichsten Jahrgänge. Sie datieren zurück bis zum ersten Sommerurlaub mit einer Frau. Frauen packen die Bodylotion als Erstes ein und verschmähen lieber das angebotene Hotelshampoo, von dem sie schon am Geruch erkennen, dass es ihr Haar austrocknet, einfettet oder gänzlich zersetzt.

Interessant wäre es zu erfahren, wie sich das Hotelbadfläschchen-Mitnahme-Verhalten seit dem Pflichteinsatz der durchsichtigen Flüssigkeiten-Beutel am Flughafen verändert hat. Da es eine Menge treuer Menschlein gibt, denen schon das Tragen gekaufter Toilettenpapier-Großpackungen peinlich ist, dürften es auch einige sein, die sich jetzt scheuen, zehn kleine Bodylotions mit der Aufschrift »Hotel di Medici« vorzuzeigen.

Dabei wird der Fläschchen-Schwund von den Hotels natürlich eingerechnet und findet sich allenfalls in den jährlich angehobenen Zimmerpreisen wieder. Gerade weil das auch der durchschnittlich engagierte Hotelgast weiß, entsteht eine neue Frage: Darf man einen besonders geizigen Hoteldirektor in jenen Häusern vermuten, die zwar das Klopapierende artig falten, in die Dusche jedoch einen festgeschraubten Shampoospender montieren, aus dem man die Flüssigkeit drücken muss wie Jahrmarkt-Senf auf eine Wurstsemmel? Gönnt der hier wirkende Manager seinen Gästen nicht den kleinen Reiz des Fläschchen-Einpackens und Auf-dem-Flughafen-Vorzeigenmüssens? Natürlich nicht. Er will seine Gäste nur vor dem ungeschmeidigsten aller Bewegungsabläufe bewahren: dem nackten Bücken und Tasten nach den winzigen Schraubverschlüssen von Mini-Shampoofläschchen, während von oben weiter das heiße Wasser prasselt. Diese nasse Verrenkung gehört eindeutig zu den Tiefpunkten eines Zimmeraufenthaltes, der aber mindestens einmal absolviert wird. Sie ist nicht zu vermeiden, da die Breite der Ablaufspalten von Seifen-

... Mini-Bodylotions der unterschiedlichsten Jahrgänge ...

schalen mutwillig immer ein paar Millimeter größer konfektioniert ist als das Deckelchen. Diese Suche, die meist mit einem sinnlichen Tasten im Abfluss endet, ist hässlich, aber unumgänglich. Schließlich soll das Fläschchen ja mit (s. auch S. 126).

IV

DAS GEFALTETE ENDE
DER KLOPAPIERROLLE

HOTELACCESSOIRES,
DIE WIR LIEBEN

Folge 4:
Der Gepäckbock

Auch Menschen, die jahrelang in Hotels wohnen, sind mit diesem Utensil noch nicht hinreichend vertraut. Die verbreitete Laien-Annahme, es handele sich bei den komischen Stellagen um Designhocker, ist jedenfalls falsch. Vielmehr sind hier Taschen zum

Zwecke der rückenschonenden Entladung zu parken. Leider steht diesem noblen Einsatz die Zimmergröße oft entgegen, sodass man sich von seiner aufgebockten Tasche schnell in den Hinterhalt gedrängt und die Fluchtwege verriegelt sieht. Jedenfalls steht der kurze Nutzen der Geräte in keinem Zusammenhang zu ihrem Platzbedarf. Sie eignen sich darüber hinaus vor allem exzellent, um sich morgens leicht verschlafen die Zehen daran zu verbiegen. Zusammengeschoben bieten zwei Gepäckhocker aber immerhin ein akzeptables Notbett für Überraschungsgäste.

Stilgewitter: Von Filzfernbedingungen und organischen Haartrocknern

Es war einmal ein kleiner Hoteldirektor, dem gehörte das »Hotel zum Ortsrand«. Der kleine Hoteldirektor war traurig. »Was fang ich nur an?«, seufzte er, »mein Hotel liegt nicht am Meer und nicht in einer Metropole, im Keller sprudelt kein Heilwasser, ich habe weder einen kleinen Gourmetkoch noch bin ich kinderfreundlich und als Aussicht kann ich nur die Rückwand der Galeria Kaufhof anbieten. Ach, was soll ich denn bloß in meinen neuen Vierfarbdruck-Prospekt schreiben?« Er weinte bitterlich. Da tippte dem kleinen Hoteldirektor ein windiger Architektenfuchs auf die Schulter und sagte mit seiner schmeichelnden Stimme: »Bauen wir doch gläserne Waschbecken und grüne Loungesessel ein und nennen es »Designhotel... Wie heißt du?« »Malzbichler!« strahlte der Hoteldirektor. Und noch im selben Jahr stand das »Q-designhotel malzbichler« am Ortsrand und alle Staubsauger-Vertreter, die schon immer dort abgestiegen waren, stießen sich an der trapezförmig ins Zimmer hineinragenden Duschwanne fortan den großen Vertreter-Zeh.

Märchen beiseite, ein vom Designer aufgeräumtes Hotelzimmer ist natürlich in den meisten Fällen ein Genuss. Das Auge wohnt ja schließlich auch mit. Und selbst wenn der ästhetische Hintergedanke und die wirkende Formphilosophie nicht jedem Hotelgast in Ruhe erläu-

... trapezförmig ins Zimmer hineinragenden Duschwanne...

tert werden können, so findet dieser doch beim Entdecken von ungewöhnlichen Accessoires und Einbauten, im Ausprobieren von Filzfernbedienungen und organischen Haartrocknern eine launige Zerstreuung. Der Erzählwert dieser Entdeckungen ist nicht zu unterschätzen! Statt der immer gleichen »Meer ist warm«-Lüge kündet man den Daheimgebliebenen doch lieber von der Nachttischlampe, die durch Streicheln zum Leuchten überredet werden muss oder dem Apfelbaum, der quer durchs Bad wächst.

Da sind wir beim Stichwort. Das Bad, insbesondere das Hotelbad, ist ein Raum, dem höchster Respekt gebührt. Schließlich geben sich die Menschen hier in der Fremde ihren abenteuerlichsten Körperfunktionen hin und putzen sich danach noch die Ohren. Der notwendige Respekt vor dem Bad aber geht beim designorientierten Hotelumbau stets als Erstes verloren. So kommt man als Gast heute zunehmend in den Genuss, ausgespuckten Zahnputzmatsch durch gläsernes Waschbecken und gläsernen Siphon bis zum Verschwinden in die Wand beobachten zu können. Oder man kann in einer Dusche mitten im Raum die Empfindungen eines Autos in der Waschstraße nachfühlen. Vor allem den Moment, an dem überraschend und eiskalt der Unterboden abgestrahlt wird. »Erlebnisdusche« liest man hinterher im Hotelprospekt. Nun, derlei lässt sich noch unter Abenteuer einsortieren, zumindest solange man sich den Herausforderungen eines Designbades allein oder mit einer vertrauten Person stellt.

Prekärer wird es, wenn der Zimmerpartner geschäftlicher oder nur entfernt bekannter Natur ist. Soll es ja geben, in den meisten Hotels stehen dafür Zimmer mit getrennten Betten bereit. Auch in den meisten Designhotels stehen dafür Zimmer mit getrennten Betten bereit – nur dass die Trennung dann eben gerne von der 360-Grad-Erlebnisdusche vollzogen wird, die ohne jeden Sichtschutz zur Reinigung bittet. Gerade in toleranten Städten wie Berlin setzen die Inneneinrichter auf diesen Hotelvoyeur-Kick unter Kollegen oder Schwippschwägern. Design hin oder her – dem Autor sind mindestens zwei ehrwürdige Großmütter bekannt, die man nicht mal alleine in so ein freizügiges Zimmer einquartieren könnte. Sie täten sich beim Duschen sünd'n fürchten!

Es ist aber auch als designkundiger und unkomplizierter Mensch in Ordnung, sich zu genieren, bevor man vor dem Zimmerpartner blankzieht. Als Konsequenz aus solchen Situationen bleibt nur, vor der nächsten Hotelbuchung zu fragen, ob die letzte Renovierung hoffentlich recht lang zurückliegt. Und man sollte keinesfalls das wirklich wunderschöne Boutique-Hotel »ohtel« in Wellington/Neuseeland ansteuern. Dort duscht man nicht nur in kristallklarer HD-ready-Qualität, sondern praktiziert auch alle Notwendigkeiten des Stoffwechsels so offen in einem Designbad, wie der Pazifik vor der Haustür liegt.

CHECKLISTE DESIGNHOTEL

■ Ist der Siphon unterm Waschbecken durchsichtig?

■ Gibt es mehr als zwei Gegenstände im Zimmer, die mit glänzendem Pianolack versehen sind?

■ Trägt das Hotel einen männlichen Vornamen oder mehrere Ziffern im Namen?

■ Haben die Stühle im Zimmer weniger Beine als üblich?

■ Trägt die Stehlampe ein Federkleid?

■ Sehen die Angestellten alle gleich aus und können nicht auf den ersten Blick einem Geschlecht zugeordnet werden?

■ Konnten Sie den Duschkopf beim ersten Versuch richtig bedienen?

■ Können Sie vom Klo aus fernsehen?

■ Hat das Nachtkästchen einen USB-Anschluss?

■ Bewegen sich Fensterläden, Fernseher und Rasierspiegel von alleine, wenn Sie in ihre Nähe kommen?

Bei überwiegend Ja-Antworten befinden Sie sich in einem Designhotel. Bitte benehmen Sie sich entsprechend und passen Sie ihre Gesichtsfarbe an die vom Architekten ausgewählte Farbpalette an!

HOTELACCESSOIRES, DIE WIR LIEBEN

Folge 5:
Der Umwelt-Gedenkaufkleber

Vermutlich hängt er auch in kolumbianischen Hochsicherheitszellen und in der internationalen Raumstation ISS. Die Botschaft von Handtüchern, die man zum Zwecke der Ressourcenschonung auf den Boden legen soll, ist jedenfalls verbreiteter als Mückenstiche. Die Einzigen, die noch nie davon gehört haben, sind die Zimmermädchen, die meist doch stoisch alles auswechseln, was sich im Bad nach Frottee anfasst, egal ob man es jetzt elegant auf den Boden drapiert (heißt eigentlich: Ist mir runtergefallen), halb über die Duschwanne gehängt (heißt eigentlich: Ich benutze es vielleicht noch mal), oder in den Kulturbeutel gezwängt hat (heißt eigentlich: Ich will dieses Handtuch klauen). Wer viel in Hotels unterwegs ist, sollte sich im Übrigen davor hüten, diese Umweltregel zu sehr zu verinnerlichen – im heimischen Bad ist der allmorgendliche Handtuch-Touchdown eher negativ beleumundet.

Hauptsache Wandfarbe.
Über Kunst im Hotel

Sicher, es kann nicht immer so sein wie im Hotel Widder in Zürich. Dort hängt in einem Konferenzzimmer eine echte Collage von Robert Rauschenberg an der Wand und auch sonst in allen Winkeln Originale von Typen, deren Namen man schon mal gehört hat. Wie es sich ziemt, gibt es zu dem Rauschenberg auch eine Legende, die die Hausdame gegen Einwurf von zwei Franken gerne erzählt. Der amerikanische Künstler, der oft im Widder gewohnt hat, hätte sich seinerzeit an einem Bild im Hotelflur so sehr gestört, dass er den herbeigeeilten und bestürzten Schweizer Hotelisten ankündigte, er werde sofort ein neues Bild malen und man möge das dann doch bitte gegen das bisherige Machwerk austauschen. So geschah es.

Es ist zu befürchten, dass sich sämtliche Hotels der Welt an dieser hübschen Geschichte aus dem Hotel Widder ein Beispiel nehmen. Wie sonst wäre die außerordentliche Dichte Furcht einflößender Bildwerke in den Hotelfluren und Doppelzimmern dieser Welt zu erklären? Leider aber steht den wenigsten Gästen doch weder die Autorität noch das Handwerk eines Robert Rauschenberg zur Verfügung, um diese Zustände zu ändern. Die meisten müssen sich fügen und schlafen unter schlecht gerahmten Drucken von Monets »Seerosenteich« oder, wenn das Hotel nach 1980 ausgestattet wurde, in Gesellschaft der ungewaschenen Hochhaus-Bauarbeiter, die seit hundert Jahren Brotzeit-Pause machen.

Das ist Hotelzimmer-Standardkunst. Es gibt aber auch Ausreißer nach unten, eine Romantik-Suite im Schwarzwald etwa, die mit großformatigen Schwarz-Weiß-Fotos von Kindern in Jeansjacken bestückt ist, die sich gegenseitig Herzen oder Blumen schenken und dabei auf Nachttöpfen sitzen. Die Herzen oder Blumen sind farbig und zartrosa und bilden einen verstörenden Kontrast, der aber romantisch sein soll.

Andere Hoteliers sind aus Versehen mit lokal ansässigen Künstlern befreundet und dekorieren ihre Zimmer deswegen mit der lokal ansässigen Kunst. Das zeitigt in besonders harten Fällen den Umstand, dass man sich im Angesicht einer blutrünstigen Fegefeuer-Vision aus Acryl und Teerpappe umziehen muss und unter einer in der Decke verankerten Schrottskulptur mit dem Titel »BeoNeoZeo 2« ins Bett steigt. Nicht selten verleitet derart ambitioniertes Kunstgefummel den Hotelbesitzer auch dazu, eigene Prospektchen auszulegen, in denen von halbjährlich wechselnden Ausstellungen die Rede ist, von einem »Art-Apéro« oder noch Schlimmeren. Manche nennen ihr Haus dann gleich »Kunstotel« oder »Modern Art Pension Käsbaum«. In den meisten Fällen lässt sich die derart herausgestellte Zimmerkunst vom Zimmergast auch erwerben, zu diesem Zwecke hängen kleine Preisschildchen an den Werken. Nun könnte man, ganz im Sinne von Rauschenberg, mit ein wenig finanziellem Aufwand das Hotel durch einen beherzten Einkauf verschönern, bzw. eben entrümpeln. Aber der lokal ansässige Künstler wird sich dadurch nur in seinem Teerpappen-Wahn bestärkt sehen und Nachtschichten einlegen und der Hotelbesitzer wird noch eine »Kunstbar« und einen »Galerie-Parcours« einrichten, wegen des großen Erfolgs.

Also verfallen immer mehr Hotelgäste darauf, die vorgefundenen Bilder durch eigenes Zutun in Form zu bringen. In Amsterdamer Hotelzimmern hängen zum Beispiel überdurchschnittlich viele billige Aktstudien, auf denen den Frauen die Brüste abgeknibbelt wurden. Im unfeinen Tiroler Verladebahnhof Ischgl sind in Tausenden Après-Ski-Hotelzimmern Bilder und Tapeten zu Gästebüchern umfunktioniert worden und verraten, wer alles hier war. Vielleicht ist das die ehrlichste Form von Hotelkunst. Eine, die den flüchtigen Charakter einer Herberge spiegelt und das Individuelle jedes einzelnen Gastes betont.

Das gefaltete Ende
der Klopapierrolle

In guten Hotels, das verkündete einst der Publizist Benjamin von Stuckrad-Barre, entspricht der Winkel, zu dem das Klopapier gefaltet ist, genau jenem, in dem die Bettdecke abends aufgeschlagen wird.

Es ist zu hoffen, dass als Folge dieser Entdeckung nicht allzu viele Menschen mit einem Geodreieck die Zimmertoilette besuchten, um die Behauptung zu überprüfen. Fest steht jedenfalls, dass diese Zellstoff-Falte genauso zur gehobenen Hotellerie gehört wie das Club-Sandwich aufs Zimmer. Ja, sie ist im Grunde eines der ganz wenigen Accessoires, die ein Hotelzimmer wirklich von einem aufgeräumten Privatzimmer unterscheiden. Bett, Tisch und Zahnputzbecher hat man ja hier wie dort, nur erst der kleine Kühlschrank, der bedruckte Schuhlöffel und eben das Origami aus Klopapier lassen fremdartige Erbauung aufkommen. Wobei auch das einzuschränken ist.

Während das Bedrucken von Schuhlöffeln eine gewisse materielle Bereitschaft zur Oberklasse einfordert, ist ein Klopapierende schnell gefaltet – so dass zunehmend auch Hotels der unteren Mittelklasse und Tankstellentoiletten versuchen, sich damit, und nur damit, zu profilieren.

Derart Beifall heischend gefaltetes, einlagiges Papier im Zusammenspiel mit einem ungeputzten Spiegel lässt den Betrachter aber nur irritiert über die richtigen Prioritäten nachdenken. Er denkt sich ohnehin so manches, wenn er neben dem krawattenartigen Ende des Klopapiers Platz nimmt. Zum Beispiel: Ist das eigentlich eine wirklich hygienische Idee, ein Utensil, das gleich in direkten Kontakt mit intimen Körperbereichen treten wird, mehr als nötig von fremden Händen knicken, streichen, falten, ergo betatschen zu lassen?

Ist das nicht eigentlich so, als ob man stolz darauf wäre, wenn auf einem Silberlöffel Fingerabdrücke zu sehen sind? Im Grunde läuft die Falte damit doch auch ihrem eigentlichen Ziel zuwider. Sie soll ja gerade das leicht betrapste Gefühl verschleiern, das den neuen Hotelgast befällt, wenn er beim Rundgang durch seine herrliche Suite schließlich einer halb vollen Rolle Klopapiers ansichtig wird. Denn so eine halb volle Rolle ist schrecklich unfein – lieber würde man schließlich keinen Gedanken an den funktionierenden Stoffwechsel seines Vormieters verschwenden.

Andererseits wäre es auch unsinnig, jede angebrochene Rolle durch eine neue zu ersetzen. Kein Hotel hat den Raum, so viele halb- und dreiviertelvolle Klorollen zu lagern, bis sie dann irgendwann vom Müttergenesungswerk abgeholt werden. Also wird das flatternde Ende eben für den Nächsten wieder gefaltet und damit der Eindruck erweckt, das benutzte Ding wäre immerhin ein bisschen in Form gebracht.

Die großen Luxushotelketten, denkt der sitzende Gast weiter, haben bestimmt genaue Anweisungen dafür, ab welcher verbleibenden Reststärke eine Rolle auszuwechseln ist oder eben noch zumutbar. Sie rüsten ihre Zimmermädchen dazu nicht nur mit speziellen Größenmaßtabellen und Messwerkzeugen aus, sondern schicken sie vermutlich auch in eigene Schulungsseminare in die Schweiz. Dort wird dann mit Übungs-Klopapier (extra störrisch!) das Falten trainiert. Nach bestandenem Vorfalten und der Spezialvariante Schnellfalten gibt es als Auszeichnung bestimmt die gefaltete Klorollenspitze in Gold, die Zierde jeder Uniform.

So ungefähr denkt der Gast, wenn er wieder ein gefaltetes Klopapierende vor sich hat. Zum Glück hat er es dann bald hinter sich.

HOTELACCESSOIRES, DIE WIR LIEBEN

Folge 6:
Das Briefpapier

Es kann getrost als nette Blödelei gelten, wenn ein WLAN-Hotelzimmer noch Briefpapier anbietet. Da offenbar niemand vom Personal mehr weiß, wofür es einst gedacht war, ist dieses Briefpapier meistens schon derart vergilbt, gelegentlich auch geknickt und mit Tassenabdrücken versehen, dass man nicht mal mehr dem Finanzamt darauf ein Verslein schicken möchte. Außerdem lässt sich der Portier bei der telefonischen Frage nach Briefmarken verleugnen. Das Briefpapier auf Hotelschreibtischen fungiert deswegen vor allem als ungute Erinnerung daran, dass man mehreren Menschen seit Monaten einen Dankesbrief für irgendwas schuldet.

Pflichtbewusst nehmen Sie sich deswegen zwei Bögen davon mit, um vielleicht im Zug den Brief zu schreiben – was dazu führt, dass mehrere Quadratkilometer Wald völlig zerknittert in Jackettaschen durch die Welt getragen werden.

Allein
auf weitem Flur

Schwer ist es für Menschen, die ohne Maßband in Hotels herumsitzen, festzustellen, was nun hier drei- oder vier Sterne sein soll. Ist doch alles wie immer. Erst der vielgereiste Hotelbeobachter weiß, dass sich die Sterne-Wertung nicht an der Güte des Bettgestells oder der Größe des Badspiegels festmachen lässt, sondern am Hotelflur. Ein Flur ist seit jeher ein architektonisches Stiefkind, ein Wurmfortsatz der Zimmer, notwendig zwar, um diese zu erreichen, aber eben auch immer nur ein Gang, meistens ohne Fenster. Die Steigerung eines Hausflurs ist ein Hotelflur: noch länger, noch trostloser, noch viel weniger Fenster. Betreiber von Hotels der unteren Sternekategorien nehmen diese Tatsache gelassen hin und bemühen sich nicht um Verbesserung der Situation. Der Gast tappt kilometerlang auf klebigem Linoleum durchs Gebäude, entlang an endlosen Türreihen mit horrend-hohen Ziffern, die nachdenklichen Gemütern das Ausweglose der Menschheit schmerzhaft vor Augen führen, was sind wir anderes, denkt er, als Legehennen in der Massentierhaltung Gottes? Der Hotelflur schweigt dazu. Um größere Mauerrisse zu kaschieren, wurden immerhin Styroporamphoren aufgestellt, die grünliche Beleuchtung der Notausgang-Schilder taucht den Flur in ein gleichermaßen unruhiges wie unkosmetisches Licht. Auf solchen Hotelfluren ist es auch niemals ruhig. Die Schritte anderer Menschen und das Klackern ihrer Rollkoffer jagen als Dauerschallkopplung durch die langen Gänge, dazu rasseln die Aufzugsschächte und die Spülungen spülen durch die Rohre unter der Decke. Mensch, sagt diese Umgebung, verweile nicht, bleibe keine Sekunde zu lange hier. Suche entweder dein bescheidenes Zimmer auf oder verschwinde wieder, unter Zurücklassung von Penunzen.

Es ist erstaunlich, bis in welche Luxusregionen sich das äußerst schlichte Flurdesign hält. Man kann zum Beispiel in Wien schon zweihundert Euro pro Nacht bezahlen und wird auf dem Weg ins Gemach trotzdem noch über prähistorische Feuerlöscher und zerschlissene Teppiche geleitet, vorbei an Installationen, die an Palmwedel in Vasen erinnern sollen und an denen das einzige Echte der Staub ist.

Es ist aber auch schwer. Luxushotels mühen sich mit dicken Teppichen in psychedelischen Mustern, um den beschwingten Gast von der Tatsache abzulenken, dass auf den nächsten fünfzig Metern nichts anderes passieren wird, als Türen und Aufzug. Hunderte von Bildern werden aufgehängt, alte Ansichten des Hotels im Dutzend vervielfältigt, Sideboards und Chaiselounges ohne weitere Funktion reihen sich die Wand entlang. Je üppiger und hochwertiger diese Dekoration, je mehr Flurmühe das Hotel erkennen lässt, desto mehr Sterne hat es. Oder würde es zumindest verdienen.

HOTELACCESSOIRES, DIE WIR LIEBEN

Folge 7:
Die Info-Kladde

Immer das schmierigste Utensil im Zimmer und trotzdem guckt man irgendwann doch rein. Zum Beispiel, weil man nicht weiß, wann das Frühstück serviert wird. Diese Information sucht man in dem Kompendium denn auch vergeblich, stattdessen liest man sich fest, an den seitenlangen Schilderungen von Notrufnummern, Aufpreislisten für Tiere nach Größe gestaffelt, Distanztabellen zur medizinischen Versorgung im nächsten Ort und Nützlichem zum Verschicken von Telefaxen. Wer nichts zu lesen dabei hat und sich aus Verzweiflung in die Info-Kladde vertieft, kann darin mit etwas Glück auch hübsche Bonmots finden. Lustig ist etwa, was ein oberbayerisches Hotel mit Sterne-Koch in einem akuten Anfall von Devotheit unter dem Punkt »Notfall« in seine Kladde geschmeichelt hat: »Gerne erreichen Sie unter 112 die Feuerwehr.« Na prima.

Stilvoll durch den Feueralarm

Wenn Sie in der Nacht aufschrecken und ein schrilles, anhaltendes Geräusch hören, fassen Sie sich und gehen bitte zunächst folgende mögliche Ursachen durch:

■ Die Klimaanlage im Zimmer, die nur ihre halbjährlich komplette Auto-Inventur macht.

■ Das Paar von nebenan, das seine halbjährliche Sex-Inventur vornimmt.

■ Der Weckton Ihres Handys, der Ihnen in aller Scheußlichkeit so noch nicht bewusst war.

■ Ortsübliche Geräusche, die zum touristischen Mehrwert des Ortes beitragen, wie etwa Muezzin, Schiffssirene, freilaufende wilde Tiere etc.

Können Sie das alles ausschließen, während das Geräusch immer noch zu hören ist, dann handelt es sich um den Feueralarm Ihres Hotels. Damit haben Sie nun etwas vor sich, dass Sie mindestens schon zehnmal in Filmen gesehen haben und vor dem Sie Ihre Mutter beim Unterwäschekauf immer gewarnt hat – eine nächtliche Versammlung von Menschen in allenfalls schlaftauglicher Bekleidung.

Um dort nicht aus dem Rahmen zu fallen und um nicht zu verbrennen, sollten Sie das Zimmer nun verlassen und zwar zügig und ohne Panik, so steht es auf dem Notfallplan, der bestimmt hinter der zweiten Schranktür von rechts oder unter dem Waschbecken hängt. Werfen Sie sich allenfalls noch einen Bademantel über, aber nur wenn er schon einsatzbereit an der Wand hängt – gerne liegt er auch noch kunstvoll verknotet im Schrank, dann lassen Sie ihn. Schnappen Sie sich unbedingt ihren Ausweis, man weiß nie, was in so einer Panik alles passiert. Am Ende sitzen Sie auf einer andalusischen Polizeiwache und müssen sich des dringenden Verdachts der Pyromanie erwehren, da machen sich Ausweis (und die Nummer vom deutschen Konsulat, die in Ihrem Reiseführer steht und von der Sie nie gedacht hätten, dass Sie sie mal vermissen würden, stimmt's?), ganz gut. Am Wichtigsten: die Zimmerkarte bzw. der Zimmerschlüssel. Sollte es sich, wie in der überwiegenden Zahl der Fälle, um einen Fehlalarm handeln, werden Sie nämlich zwei Stunden später durchgefroren wieder vor Ihrem Zimmer stehen. Dann festzustellen, dass in der Aufregung der Schlüssel drinnen vergessen wurde, gehört zu den intensiven Erfahrungen, die das Leben so überwürzig machen.

Sind Sie unversehrt draußen angekommen, gibt es nicht mehr viel zu beachten: Herumstehen in Kleingrüppchen, abwechselnd kritische Blicke auf die dunkle Fassade des Hauses und die überaus dürftige Bekleidung des Paares von nebenan werfen und sich darüber wundern, wie wenige Angestellte tatsächlich in so einem Hotel übernachten. Meistens kommt auf hundert Gäste bei einem zünftigen Feueralarm nur ein verschreckter Nachtportier, der hektisch in sein Handy hustet. Warum bei dieser Überzahl von Gästen nicht viel öfter ausschweifende Spontanpartys auf den Stockwerken gefeiert werden, ist übrigens ganz unverständlich.

Nun, die Feuerwehr kommt nicht, dafür der Hotelmanager, der nach einer halben Stunde perfekt im Dreiteiler und mit Krawatte aus seinem Jeep springt, sich kurz mit dem Nachtportier berät und dann die Sirene wieder abstellt. Herzlichen Glückwunsch, Sie haben überlebt.

DAS ABC
DES HOTELFRÜHSTÜCKS

(F–I)
F wie Faux-Pas

Schon beim Frühstück gilt es die liebenswerten nationalen Eigenheiten der Gastgeber zu berücksichtigen: In England ist man indigniert, wenn der traditionelle Blutpudding nicht mitbestellt wird. In Neuseeland gilt jeder Gast, der das Frühstücksnationalgericht nicht schafft, als verkümmert. Es besteht aus doppeltem French-Toast mit gebackener Banane, gebratenem Speck und viel Ahornsirup. In Italien schätzt man überhaupt die Bestellung eines Frühstücks nicht sonderlich, in Frankreich hingegen schon, aber nur für Einheimische. Und in der Schweiz wird man vom Hotelmanager persönlich gerügt, wenn beim eigenhändigen Brotabschneiden die Scheiben zu dick geraten sind und Brösel anfielen.

G wie Guten Morgen

Der mechanische Gruß der diensthabenden Oberwachkellnerin erfolgt stets mit der misstrauischen Bitte, die Zimmernummer aufzusagen. Da Sie sich andernfalls verdächtig machen, Brot und Äpfel stehlen zu wollen, ist es ratsam, die Zimmernummer in der jeweiligen Landessprache auf dem Weg zum Frühstück auswendig zu lernen.

H wie Horten

Lieblingsbeschäftigung von Menschen am Büfett. Es gehört zu den ewigen vermeintlichen Geheimstrategien ganzer Reisegruppen, sich beim Frühstücksbüfett derart reichlich zu bedienen, dass sich die Nahrungsaufnahme für den restlichen Tag erübrigt. Wichtigster Satz: »Da brauchen wir doch kein Mittagessen, was Udo?« Dieses Vorhaben führt zu sehenswerten Collagen auf den Tellern und artistischen Einlagen – zunächst beim Schleppen der erlegten Beute zum Tisch und später beim unauffälligen Einwickeln derselben in Servietten, Pullover und umfunktionierte Kissenbezüge.

I wie Interkontinentales Frühstück

Hübsche Sprach-Verwechslung einiger Durchschnittshotels, die das unscheinbare Ensemble aus Butter, Toast, Marmelade und Streichkäse mit einer Herkunft von gleich mehreren Kontinenten adeln wollen. Der verzehrende Gast kaut's trotzdem und denkt dabei an Raketen. Gemeint ist natürlich Continental-Breakfast, auch wenn man ungern einen Kontinent seine Heimat nennen möchte, der derart langweilig den Tag beginnt. In sprachlichen Randgebieten mit Übersetzungsnotstand bzw. Internet-Translator wird einem auch mal ein Inkontinentes Frühstück angeboten. Dieses ist abzulehnen.

V

KLEINER SERVICE? GROSSER LUXUS!

Watzlawick über die perfekte Hotelbar

Der weit gereiste Watzlawick fläzt in seinem Häuschen in seinem ebenfalls weit gereisten Denkersessel (aus einem Hotel in Frankreich, angeblich mit Original-Brandloch von Romain Rolland), neben ihm ein geschmackloser Tisch aus Elefantenfuß, auf dem ein Glas Schumanns Vintage Port steht. Eigentlich ein passender Rahmen für ein paar Worte zu Hotelbars, wenn nur nicht alle zwei Minuten Watzlawicks Haushälterin (er sagt: »Keine Perle, eher so eine Kugel, die Gefangenen ans Bein gehängt wird«) mit einem neuen Anliegen ankommen würde. Gerade stapelt sie Watzlawicks gebügelte Leibwäsche auf den Elefantenfuß – die soll er selber einräumen. Watzlawick schließt vernichtend die Augen und hebt an: »Erstens: Kein Hotel kann ein sehr gutes Hotel werden ohne eine gute Bar. Zweitens: Diese Bar muss, das ist das Wichtigste, für sich selber existieren und nicht nur ein weiterer Raum sein, in dem irgendetwas stattfindet. Sie hat eigene Öffnungszeiten und die Kellner müssen andere Uniformen tragen als die restliche Belegschaft und im Idealfall gibt es auch einen eigenen Zugang zu dieser Bar. Was viele neue Luxushotels nicht verstehen«, Watzlawick macht eine dramatische Pause und äugt vorsichtig nach seiner Haushälterin, »... viele verstehen nicht, dass man eine gute Bar nicht von heute auf morgen in ein Hotel implantieren kann und schon gar keine legendäre. Es nützt nichts, künstlich gealterte Tresen mit Whiskyflecken einzubauen, abgewetzte Sessel aufzustellen und Hemingway-Bilder im Dutzend aufzuhängen. Die Bar im Berliner Ritz zum Beispiel ist auf diese Weise die reinste Theaterbühne geworden und tatsächlich findet dort auch noch jeden Abend ein seltsames Spektakel statt, bei dem ein verkleideter Mensch etwas proklamiert. Dabei hat romantischer Firlefanz in einer guten Hotelbar nichts zu suchen, schon gar nicht darf es dort besonders lustig zugehen. Deswegen braucht es einen ernsten Barchef, übrigens der einzige Mensch im ganzen Hotel, der noch korrekter sein muss als der Direktor und noch verschwiegener. Nur so ein Mann kann aus einer Hotelbar nach ein paar Jahren einen Ort machen, der das Rauschen eines internationalen Hauses mit der diskreten Atmosphäre einer kleinen Bar vereint und sie so zu einem zeitlos aufregenden Puls macht, der das ganze Hotel heimlich am Leben hält. Eine gute Hotelbar hat immer geöffnet und ihre Kellner verziehen keine Miene, egal wann die Gäste was auch immer bestellen. Sie muss noch besser sein als eine gute Bar draußen, denn für viele Einsame ist sie jenseits des Zimmers der einzig heimelige Ort in der Fremde. In einer guten Hotelbar kann man angenehm alleine trinken, das ist ganz wichtig. Die Mischung aus Hotelgästen und Einheimischen liegt im günstigsten Falle bei 70 zu 30, sodass man nie das Gefühl bekommt, man wäre dort nur geduldeter Teil der Stadtschickeria. Eine gute Bar ist nicht immer voll, sondern bietet auch Ruhe und lässt den Menschen Zeit, ihre Dinge ein bisschen zu überblicken. Und natürlich serviert sie als Hauschampagner entweder Ruinart oder Bollinger.«

Das war viel auf einmal. Der weit gereiste Watzlawick sinkt erschöpft in sich zusammen, greift sich den Portwein und trinkt ihn durstig und in einem Zug. Er sieht dem letzten Tropfen hinterher, wie er seine eigene Kehle hinabrinnt und spricht weiter: »Die Bar muss eigentlich nicht groß sein, oder anders: Natürlich ist eine regelrechte Trinkkathedrale wie der Oak Room des Plaza in New York, oder der Spiegelsaal von Falks Bar im Bayerischen Hof eine feine Sache, aber ihren Zweck erfüllt die Hotelbar auch, wenn sie viel kleiner ist. Hauptsache es ist eine Bar und nicht nur ein Seitenzimmer des Restaurants. Nicht mal ich, (großes Watzlawick-Seufzen), nicht mal ich erkenne auf den ersten Blick, ob eine Hotelbar etwas taugt, man muss schon ein Glas dort trinken. Etwas Einfaches, vielleicht ein Bier, um zu ahnen, mit welcher Sorgfalt die Bar betrieben wird.« Watzlawick denkt nach, kaut auf etwas, dann flüstert er. »Ich, also, ich habe einen Freund, äh, etwa in meinem Alter und auch sehr weit gereist und sehr gewandt, dieser Freund hat schon, aber das muss unter uns bleiben, Hotelaufenthalte erlebt, bei denen er das Haus erst bei der Abreise wieder verlassen hat, weil, nun ja, weil die Hotelbar eben so kolossal gemütlich war und es draußen schottisch geregnet hat oder Belgien war. Das ist es, verstehst du? Die besten Hotelbars sind Orte, an denen man eine Woche verbringen kann, ohne dass jemand Notiz davon nimmt. Bis auf die Kellner, natürlich.«

Hilfe, Luxus?
Ein paar sichere Anzeichen:

■ Der Portier weiß Ihren Namen, bevor Sie ihn auch nur einmal erwähnen und spricht ihn auch richtig aus.

■ Jedes der Utensilien im Bad ist mit dem Logo des Hotels versehen, ebenso wie die Einwegschlappen und die Handtücher.

■ In Ihrem Zimmer liegt eine Visitenkarte für Sie bereit, mit der Adresse Ihres Hotels und einer Telefonnummer (die Hotels haben dann Hunderte Nummern zur Freischaltung). Diese Visitenkarte ist weniger für Ihre Geschäftstermine als für die Ihrer Frau gedacht – sie kann sie beim Shoppen abgeben und die Einkäufe ins Hotel liefern lassen.

■ Ihr Auto wird Ihnen nicht nur am Eingang abgenommen, es steht am Ende des Aufenthalts auch wieder gewaschen und poliert vor der Tür – und zwar ohne dass Sie den Concierge erst nach seinem Verbleib fragen müssen.

■ Die Minibar ist nicht mini – und bietet überdies für jedes der dort angebotenen Getränke das passende Glas.

■ Es steht ein echter Blumenstrauß im Zimmer.

- Die Wäscherei ist in der Lage, ein Hemd und einen Anzug innerhalb von zwei Stunden abzuholen, zu bügeln und wieder vorbeizubringen.

- Der Hoteldirektor sieht selber so aus, wie der beste Gast aussehen sollte.

- Der Check-out ist nicht vor 12 Uhr.

- Es liegt frisches Obst zur Begrüßung im Zimmer, das nicht Physalis, Sternfrucht oder sonstiges Obst um des Obstes willen ist. Aber was noch viel wichtiger ist: Ein dienstbarer Geist trägt das Zeug auch irgendwann wieder weg, denn für ausgedehnte Fruchtfliegen-Studien ist das Zimmer doch wirklich zu teuer.

»Ich bin nackt, kommen Sie ruhig rein!«

Es gibt auf diesem weiten Erdenrund nur wenige Kämpfe, die dem Duell zwischen Hotelgast und Zimmermädchen an Hartnäckigkeit gleichkommen. Die Ursache dafür ist der allmorgendliche Zusammenstoß von gewissenhafter Pflichterfüllung mit gewissenhaftem Ausschlafwillen.

Selbst in Hotels mit gestickten Wappen auf den Badeschlappen endet die Geduld der Flurbesatzung für gewöhnlich gegen 9.30 Uhr – mit abnehmender Sternezahl wird es immer eine Stunde früher. Was dann folgt, ist aber in allen Häusern wieder ziemlich ähnlich. Die Tür des Langschläfers wird zum main target der anrückenden Feudel-Truppen und ein versehentlich darauf knallender Besenstiel zum ersten Fanfarenstoß. Es folgt die Kampftaktik »Gespräch schwerhöriger Marktweiber« und schließlich das monotone Anklopfen mit laufendem Staubsauger gegen den Türspalt.

In der darauf einsetzenden Stille sei dem geweckten Hotelgast dringend geraten, auf sich aufmerksam zu machen – zum Beispiel durch Patschen ins Handwaschbecken oder wiederholtes Zuschlagen von Schranktüren.

Denn hören die Herrscher über Schlüssel und Schüssel in dieser Pause nichts, gehen sie davon aus, man wäre in der Nacht verstorben – und betreten siegestrunken das Zimmer. Wer erst jetzt Einspruch erhebt, muss sich das erste missbilligende »Der lebt ja doch noch«-Gesicht seines Lebens gefallen lassen, gepaart mit dem koketten Hinweis, es handle sich hierbei um »Housekeeping«!

Es mangelt in diesem Zusammenhang überhaupt an ausgefeilten Dialogen. Was sind die richtigen Worte, wenn einen das Klacken im Türschloss über ein gleich erfolgendes Zusammentreffen zweier Menschen unterrichtet, von denen nur einer angezogen ist? Brüllt man »Besetzt!«? Das wäre zweifellos töricht, denn die Eindringenden wissen ja genau um die Besetztheit, außerdem erinnert es an einen Lokus.

»Noch nicht!« hat so gar keine Strahlkraft. »Bitte warten Sie noch eine Dreiviertelstunde!« ist zu lang und wenig markant. »Ey! Bleiben Sie draußen!« wirkt in seiner Panik etwas überzogen und auch rüde, außerdem könnte damit draußen der Verdacht aufkommen, es wäre in diesem Zimmer wirklich jemand verstorben – und zwar nicht ganz freiwillig.

Natürlich, es gibt ja noch das DNDS, das Do-not-disturb-Schild. Ein hervorragender kleiner Helfer, so in etwa mit demselben Wirkungsgrad wie ein »Mein Rad ist registriert«-Schild am Fahrrad. Denn nicht immer sind es die Zimmermädchen und -jungen, die das Schild einfach so ausblenden.

Mindestens ebenso häufig passiert es, dass man, bereits kurzbehost, noch mal dem Bett entsteigen muss, weil man das Schild vergessen hat, das am nächsten Morgen Schlaf bescheren soll. Um dem steten Strom heimkehrender

Kongress-Teilnehmer auf dem Flur nicht zu viele Pyjama-Details zuzumuten, pfriemelt man das hakelige Ding hastig und mit einem ungelenken Arm um die äußere Klinke. Nach diesem beruhigenden Akt schläft es sich selig.

Allerdings nur bis Schlag sechs Uhr, dann sieht man sich einer Reinigungs-Visite an seinem Bett gegenüber, das Türschild fröhlich schwenkend – allerdings die schlimme PCU-Rückseite. »Please clean up!« hatte versehentlich die ganze Nacht an der Tür gehangen. Oder hatten sich die Kongress-Teilnehmer einen Scherz erlaubt und das Schild umgedreht? Oder war beim reflexartigen »Klinkendrücken, um zu sehen, ob die Tür zu ist« das Schild draußen zu Boden gegangen? Man wird es nie erfahren.

Um gegen derlei Widrigkeiten des Services gefeit zu sein, empfiehlt es sich, auf diesen zu verzichten und allen Zwängen der Zivilisation zu entfliehen. Zum Beispiel in ein bezauberndes Hostel auf der kleinen Insel Raasay, Innere Hebriden, Schottland.

Besonders verlockend neben der spektakulären Natur ist hier das Credo der 192 Inselbewohner, das man bereits auf der Fähre zu hören bekommt: »No rush on Raasay!« Das gilt auch fürs Housekeeping, das es in dem kleinen Hostel freilich gar nicht gibt.

HOTELACCESSOIRES, DIE WIR LIEBEN

Folge 8:
Das Telefon

Mit dem Hoteltelefon verhält es sich etwas ähnlich wie mit der Minibar. So gehört es zum Pflichtgespräch auf Charterflügen Richtung Strandhotelbunker, dem Sitznachbarn von den unverschämten Telefongebühren der Hotels zu erzählen. Hoteltelefone stehen bei der älteren Generation also etwa in derselben Missgunst wie Kaffeefahrten und die Teppichhändler am Strand. Bei der jüngeren Generation lösen sie keine vergleichbaren Fluchtreflexe mehr aus, sondern sorgen eher für Unverständnis. Wozu ein Hoteltelefon, wo doch jeder, der eine Türklinke bedienen kann, auch ein Handy hat? Die Tage dieses Utensils sind also gezählt –

junge Hotelketten verzichten dementsprechend in ihren Zimmern auch bereits auf Telefon. Sie verzichten folgerichtig auch auf den Zimmerservice, dessen Herbeirufen via Taste 0 oder 1 auf dem Telefon allerdings eine der größten Freuden war, die ein Hotel zu bieten hatte.

Kleckern in fremden Betten:
Das Zimmerfrühstück

Nicht jedes Hotel ist im Besitz eines derart schönen Frühstücksaales wie das Rival in Stockholm. Dort sitzt man im ersten Stock, schaut durch eine breite Fensterfront in die Baumwipfel des schwer romantischen Mariatorget-Parks und aus der Küche kommen unablässig Pfannkuchen. Unten auf den Gehwegen erwacht das Szeneviertel Södermalm, das ausschließlich aus hübschen Menschen besteht. Und wenn man Glück hat, geht später noch der leibhaftige Benni von ABBA mit einer Tasse Kaffee vorbei – dem gehört nämlich das Hotel. Im Rival also gibt es einen guten Grund, morgens das Bett zu verlassen. In vielen anderen Hotels sucht man nach solch einem Grund so vergeblich wie eine erträgliche Einstellung der Klimaanlage. Wie gut, dass es dort manchmal die Option gibt, das Frühstück auf dem Zimmer einzunehmen. Wobei man sagen muss, dass jene Hotels, die einem Full Breakfast aufs Zimmer tragen, auch meistens einen akzeptablen Raum zur Frühkost bereitstellen. Aber das Frühstück im Bett gehört nun mal zu den großen Volkssehnsüchten unserer Zeit. Und wenn man schon in einem Bett liegt, aus dem man nicht hinterher Brösel und Flecken selber tilgen muss – her damit!

Damit fangen die Probleme an, denn mit dem Frühstück aufs Zimmer verhält es sich ein wenig ähnlich wie mit einer Putzkraft für daheim – nur echte Profis kriegen das so abgezockt hin, dass es Spaß macht. Nicht so Versierte in Sachen Bettfrühstück wachen mindestens zwei Stunden vor dem Klopfen des Zimmerservice auf – und sehen sich in wachsende Unruhe versetzt. Wie empfangen? Einerseits liegt ein Großteil des Reizes ja gerade darin, dass man Lachsbrötchen und Obstsalat im Pyjama entgegentritt, dass Schlafwärme direkt in wohlige Sättigung übergeht. Andererseits geht das natürlich überhaupt nicht – schließlich kommt das Frühstück ja nicht auf kleinen emotionslosen Roboterwägelchen, sondern mit komplett angezogenen, korrekten Menschen ins Zimmer, denen man unmöglich total traumverkrustet und halb nackt entgegentreten kann. So ist zumindest ein kleiner Aufenthalt im Bad vorab angezeigt, bei dem die halbe Gemütlichkeit abgewaschen wird. Und dann? Manche entscheiden sich danach für komplette und richtige Erwachsenenkleidung – auch in Ermangelung eines Morgenrocks aus Seide, der in solchen Situationen die würdigste Uniform wäre. Sie sehen also, wenn das Frühstück angetragen wird, aus, als wollten Sie das Zimmer gerade verlassen, was etwas seltsam wirkt – zudem müssen Sie dann am kleinen Schreibtisch Auge in Auge mit dem Matisse-Druck frühstücken, weil Sie ja nicht mit Straßenkleidung wieder ins Bett wollen.

Wer nach Beseitigung der schlimmsten Schlaffrisur wieder ins Bett verschwindet und auf das Klopfen wartet, sollte sich währenddessen überlegen, wie er weiter vorgeht. Denn wie der Sonnenkönig aufrecht im Bett thronend zu verharren, während einer bis drei Angestellte Teller und Rührei, Küchlein und Kaffeekannen verteilt, ausgeschenkt und angerichtet haben, braucht zumindest einen Hang zur Arroganz. Wer ahnt, dass er lieber ein bisschen mit anpackt, sollte für diesen Fall kleidungstechnisch gerüstet sein – also auch eine kullernde Orange aufheben können, ohne dass hintenrum zu viel freigelegt wird.

Pragmatiker werden die Angestellten in einigermaßen verträglicher Aufmachung an der Tür empfangen, die Übergabe der Speisen so kurz wie möglich halten und dann in den noch warmen Schlafanzug zurückkehren.

Am besten haben es eigentlich mitreisende Damen – die schicken den Mann gefälligst an die Tür und verstecken sich selber unter der Bettdecke, so lange bis alles vorbei ist und der Kaffee an ihrer großen Zehe dampft.

Dann rufen sie: »Kann ich?«, tauchen auf und kommen verstrubbelt, verschlafen und bettwarm tatsächlich in die Nähe einer der größten Wonnen, die ein Morgen so bieten kann.

HOTELACCESSOIRES, DIE WIR LIEBEN

Folge 9:
Die Schuhputzmaschine

Funktioniert nie. Oder funktioniert, aber putzt nicht richtig, weil man nicht recht weiß, welche Bürste wohin zu halten ist. Eine nicht unproblematische Eigenschaft dieser Geräte ist es außerdem, dass sie eigentlich nur mit sauberen, trockenen Schuhen zu benutzen sind, sonst verteilt sich der mitgebrachte Schmutz nicht nur porentief auf dem gesamten Leder, sondern auch auf allen Bürstenwalzen der Maschine. Mit Wildlederschuhen sollte man besonders vorsichtig sein und eigentlich das Haus ohnehin gar nicht erst verlassen. Das Angetroffenwerden mit einem Fuß halb unter der Maschine verkeilt gehört jedenfalls zu den schlechteren Starts in den Tag.

DAS ABC
DES HOTELFRÜHSTÜCKS

(J–S)

J wie Joghurt

Bietet jedem Hoteldirektor die Möglichkeit, sein Büfett rein optisch zu verdoppeln: Vier Schüsseln mit Joghurts verschiedener Dickestufen, umringt von 23 Schüsseln mit Nüssen, Kernen und Hülsen, deren Pegelstände sich übers Jahr nur minimal ändern. Dazu Obst gemischt, Obst einzeln und dann alle Kombinationen noch mal miteinander und mit Joghurt in neuen Schüsseln vermengt – schon wirkt der nächste Anbau gar nicht so unnötig, wie die Lokalpresse tut.

K wie Käsemesser

Liegt stets im blinden Fleck des Frühstückpersonals und hat somit Gelegenheit, im Verlauf eines Vormittags ein imposantes Konglomerat sämtlicher angebotener Weichkäse an seinem Schaft zu sammeln. Am Ende bugsiert es ein Seelenloser noch an die Lachsplatte, weil dort die Gabel verschwunden ist.

L wie Lachs

Trotz der bereits lang zurückliegenden Ankunft des Räucherlachses in den Niederungen der Discountlebensmittel, immer noch das am schnellsten vergriffene Gut auf einem

Frühstücksbüfett. Eine beliebte Ursache für Übelkeitsepidemien in Touristengegenden liegt in der Speisenabfolge: Räucherlachs – Kaffee – Erdbeerjoghurt – Orangensaft, einer Kombination, die jedem verweichlichten Alltagsmagen zusetzt.

M wie Müsli

Wird auf Reisen mit Herzensdamen gerne der Grund für die erste Konfusion des Tages. Während nämlich der durchschnittliche Urlaubsmann seine Herausforderung darin sieht, das Angebot des Büfetts möglichst umfangreich, lückenlos und deftig zu nutzen, brösel sich die Herzensdame nur ein Müsli in die Schüssel und nimmt allenfalls noch einen Apfel.

Klassischer Dialog dann: Er (zeigt auf den Apfel): »Ich dachte, das ist Deko.«

Sie (zeigt auf die zehn Bratwürstchen): »Ich dachte, wir gehen nachher an den Strand.«

N wie Nachtschicht

Eine der besten Arten, ein Hotelfrühstück zu genießen, ist es, die vorausgehende Nacht nicht im Hotel zu verbringen. Wer nach durchtanzter, durchzechter oder sonst wie durchgebrachter Nacht gegen sieben Uhr morgens in einen frisch gedeckten Frühstückssaal einläuft, betreibt genau das richtige Gegenprogramm zur »Tired & Emotional«-Phase, die einen sonst nach solchen Nächten umfängt.

Zwei Liter Kaffee und jede Menge Deftigkeiten mit Meerrettich gönnt man sich jetzt mit einem Gefühl der Gerechtigkeit. Dazu kommt die gute Einbildung, den frisch geduschten Saubermännern hier mindestens eine Säufernasenlänge voraus zu sein.

O wie Orangensaft

Die heimliche Seele eines Frühstücksbüfetts. Ob er frisch gepresst ist, erkennt man daran, ob er verfügbar ist. Falls ja, dann nicht. Wenn eine dieser Pressmaschinen bereitsteht, die immer an die Lottoziehungsmaschine im Fernsehen erinnern, dann geht sie umgehend kaputt. Die Hotelglashersteller-Innung kündigt dankenswerterweise an, bald noch kleinere Saftgläser herstellen zu können.

P wie Päckchen

Für das Verpacken von Marmeladen, Butter und Streichwurst in kleine Plastik-Pakete mag in einem Flugzeug Notwendigkeit bestehen, in einem handelsüblichen Frühstücksraum ist diese Komprimierung nicht nötig. Dennoch ist man als erwachsener Gast oft gezwungen, mit dem schweren Frühstücksmesser in solchen Förmchen herumzukratzen und Fetzen des klebrigen Deckels später am Hosenbein zu tragen.

Nicht benutzte Päckchen werden vom Personal wieder eingesammelt und am nächsten Tag neu ausgegeben – daran ist rein sachlich nichts falsch. Trotzdem bleibt kurz das Gefühl, man würde Secondhand-Butter essen.

Q wie Quality Time

Schwer zu finden bei einem Hotelfrühstück, denn der Gast wälzt mindestens die eine große Frage: Kann ich danach noch mal in Ruhe Zähne putzen oder hat das lauernde Zimmermädchen mein Zimmer bereits annektiert und meine nicht gepackte Tasche schon auf den Flur gestellt?

R wie Röstmaschine

Das beste Beispiel für Maschinenwahn. Nimmt zwei Quadratmeter ein, verängstigt Büfettneulinge mit ihrem scheinbar kompliziertem Kettenzugmechanismus und kann doch nur Brot rösten. Eine der größten Staugefahren am Büfett, da sie immer so eingestellt ist, dass ein Brotscheibentransit in etwa der Dauer Piccadilly Circus – Stansted entspricht. Man erzählt von internationalen Konferenzen, die zwei Stunden später beginnen mussten, weil alle Teilnehmer auf erfolgreiche Durchfahrt an der Röstmaschine beharrten.

S wie Selbstbedienung

Gehört mittlerweile zu fast jedem Hotelfrühstück. Merkregeln: nie Lachs und Obstsalat auf den gleichen Teller, auch wenn sie am Büfett nebeneinanderstehen. Deckel von Wärmebehältern immer so halbschräg ablegen, dass der nächste Büfettgast sie zu Boden scheppern lässt, die Zange für die Würstchen versehentlich bis zum Süßgebäck mitnehmen, Joghurtlöffel, Serviette und Brot sind jeweils einzeln zu vergessen, sodass mindestens ein halbes Dutzend Gänge zum Büfett notwendig sind.

Was gibt man hier?
Vom Trinkgeldvermeiden

Es wird immer viel Gewese um die richtige Abgabe von Trinkgeld im Hotel gemacht. Wem vom Personal was in welcher Menge wann einzuhändigen ist, diese Fragen führen bei Gästen, die dazu neigen, zu einiger Verunsicherung. Selbige beginnt stets damit, dass ihnen, wenige Meter bevor der Flughafenshuttle das Hotel erreicht, einfällt, dass man dem Chauffeur ja vielleicht unbedingt etwas zustecken müsste (was man müsste!). Der edle Plan scheitert nicht selten daran, dass zu diesem Zeitpunkt noch kein Schilling der ortsüblichen Währung die Brieftasche ziert. Gealterte Hotelprofis führen aus diesem Grund immer ein kleines Bündel Dollarnoten mit sich, denn der Dollar wird weltweit als Trinkgeld akzeptiert. Steigt man in Nachbarländern der Euro-Zone ab, dürfte auch der Euro diesen Zweck erfüllen, ist sogar vorzuziehen, denn einem Schweizer Fahrer als Deutscher zehn Dollar zuzustecken, wirkt schon wieder leicht versnobt.

Wer auf dem Rücksitz weder Dollar noch sonstiges kleines Geld zur Verfügung hat oder aber vom geilen Geiz zerfressen ist, startet das oft zu beobachtende, großangelegte Trinkgeldvermeidungsprogramm. Es besteht zunächst darin, vor dem Chauffeur aus dem noch rollenden Wagen zu wetzen, die Koffer eigenhändig aus dem Fond zu reißen und sich mit einem verschämten Nicken in Richtung des Verdutzten eilig zum Eingang zu entfernen. Dort wartet schon die nächste Hürde in Gestalt eines gekonnt dackeläugigen Menschen, der die Tür aufreißt und bis zum Bandscheibenschaden dienert. Spätestens bei seiner Passage fühlt sich der Trinkgeldvermeider wahnhaft von Raubrittern umringt. Dabei muss man fürs Türöffnen wirklich nichts extra geben. In der Halle eilen, auf einen unsichtbaren Fingerzeig hin, Knaben mit kleinen Pappdeckeln auf dem Kopf heran und begehren durchaus, das Gepäck aufs Zimmer zu tragen. Der Trinkgeldvermeider klammert sich an seine Taschen und Koffer und versichert vierzigmal pro Minute, dass es nullo Problemo sei und er wirklich gerne selber und so weiter. Das lässt ihn im Übrigen nicht nur ein bisschen schäbig, sondern auch ziemlich verdächtig wirken. Den Angestellten, der ihn schließlich aufs Zimmer begleitet, wird der Trinkgeldvermeider an der Zimmertür mit einem Tackle ausbremsen, über den sich jeder Footballer freuen würde und mit einem günstigen »Alles klar, vielen Dank« die Tür zuschmettern. Geschafft! Aber um welchen Preis?

Auch wer gerne Trinkgeld gibt, sieht sich gelegentlich vor Probleme gestellt. Wie bei einer Entführung ist auch beim Trinkgeld die Geldübergabe der heikelste Moment. In Filmen ist zu beobachten, dass Gentlemen dem Zimmerservice oder anderen dienstbaren Geistern mit vollendeter Eleganz Scheine genau im richtigen Moment auf eine Art zustecken, die keinen der beiden Beteiligten peinlich berührt. Eine Kunst! Wer ihr nacheifern möchte und nicht David Copperfield ist, findet sich bei seltsamen Fingerübungen vor dem Zimmerspiegel wieder. Ist der Fünf-Euro-Schein irgendwie in die Handinnenfläche zu klemmen? Wer sich darauf versteift, wie ein Mafia-Pate Geld per Handschlag transportieren zu wollen, sollte einkalkulieren, dass schüchterne Liftboys und damenhafte Anzugaufbüglerinnen auf einen markigen Händedruck nicht vorbereitet sind – und schon gar nicht auf die dabei verbreiteten Devisen. Dann flattert erschrocken der Schein zu Boden, alle bücken sich und schlagen mit den Köpfen aneinander, dass es kracht, herrje!

Auch von der gut gemeinten Idee, den Geldschein wie nebenbei in Kleider- oder Körperfalten des Begünstigten zu stecken, sollte man dringend Abstand nehmen. Stattdessen empfiehlt sich, wie bei fast allem im Leben, einfaches Vorgehen ohne großes Gehüstel. Und auf keinen Fall sollten die Zimmermädchen vernachlässigt werden, die gerade dann besonders gut waren, wenn man sie eben nahezu vergisst. Bei ihnen ist auch die Trinkgeldübergabe eigentlich einfach: Man lässt es einfach sauber auf dem Nachttisch liegen – allerdings bitte nicht in Form jener Hosentaschenreste aus Centstücken, die man sonst auch niemandem zumuten würde.

VI

Unmoralische Angebote und Hotelneurosen

HOTELACCESSOIRES, DIE WIR LIEBEN

Folge 10:
Die Tee-Ecke

Man ist als Hotelgast ja gerne auch mal wie ein kleines Kind. Da wohnt man also im Fünf-Sterne-Elysée-Ressort, die Sonne scheint luxuriös, unten im Garten bauen sie gerade aus frischem Hummer eine Insel im Champagnermeer. Man selber aber knistert an kleinen Tütchen mit Instant-Kaffee herum, zum Zwecke selbstständiger Zubereitung. Denn das ist es doch, was einen Jetsetter noch erdet – endlich mal wieder selber kochen! Spätestens, wenn man nach dem bitteren Kaffee auch noch den ollen Pickwick-Teebeutel probieren möchte und deshalb die Tasse im Waschbecken notdürftig abspült, wird man sich der eigenen Verschrobenheit aber einigermaßen deutlich bewusst.

Die Minibar.
Eine Charakterprüfung

Kein anderer Ort in einem Hotelzimmer hat auf Hotelneulinge eine ähnlich mythische Aura wie der kleine Kühlschrank mit den kleinen Flaschen. Aber auch Hotelprofis müssen mindestens einmal während ihres Aufenthalts in die Minibar schauen. Wenn man es nicht tut, fehlt was. Um den richtigen Umgang mit der kleinen Quelle streiten sich zwei Lager. Die einen sind die pragmatischen Hedonisten, die nach dem Stadtbummel oder dem Geschäftsessen zielstrebig das Heineken im Hotelzimmer knacken und sich damit für knappe zwei Minuten einen teuren und gerade deswegen sehr befriedigenden Moment verschaffen. Denn das ist die Magie der Minibar, dass sogar ein Heineken aus ihrem Schoß phänomenal gut schmeckt. Ist sie aber einmal derart erfolgreich angebrochen, das lehrt die Erfahrung, ist es schwer, die Minibar vor gänzlicher Plünderung zu bewahren. Der Körper bekommt dann immer automatisch Durst auf das nächste Fläschchen, so lange bis nur noch Underberg da ist. Und der kommt auch noch dran, weil man sich »irgendwie schlecht« fühlt.

Eine Zeit lang gab es den hübschen Trend in den Hotels, die Minibar als Inklusivleistung zu spendieren. Das war eine Epoche, in der man dann ungewöhnlich viel Wasser und Limo in den Zimmerkühlschränken vorfand.

Heute gibt es wieder meistens nur eine Wasserflasche mit zimmerwarmem Wasser gratis. Ausnahme sind die großen Suiten – dort gehören ganze Bataillonen von VSOP-Cognacs dazu, einfach weil sie preismäßig kaum mehr ins Gewicht fallen. Jedenfalls nicht mehr als die frischen Blumenbouquets und Körbe von exotischen Früchten, die nun mal auch dazugehören.

Die andere Fraktion, das sind diejenigen, die vor der Minibar eine regelrechte Furcht haben und sich bekreuzigen, wenn sie daran vorbeimüssen. Es sind die Ritter wider die Abzocke, die nicht müde werden auszurechnen, dass so ein kleines bisschen Cola auf den Liter hochgerechnet ja 15 Euro kosten würde und dass die Hotels damit »ihr Geschäft« machen. Aber nicht mit ihnen! Eisern verdursten sie vor dem Fernseher (gratis!) oder stellen wie zum Trotz die 1,5-Literflasche Cola aus dem Supermarkt neben den Kühlschrank. Beim Auschecken versichern sie panisch und ungefragt an der Rezeption, dass sie »nichts, gar nichts« aus der Minibar hatten. Diese Spezies ist es auch, der das Wiederauffüllen von Minibarflaschen zuzurechnen ist – eine Praxis, die laut Zimmermädchen-Pressestelle anhält und die etwa dem Ablasshandel im Mittelalter gleichzusetzen ist: Ich habe gesündigt, kaufe mich aber günstig wieder frei. Zum Supermarktpreis. Hier wie damals gilt: geht gar nicht.

HOTELACCESSOIRES, DIE WIR LIEBEN

Folge 11:
Der Eiswürfelbereiter

Lärmendes Indiz dafür, dass man sich in den USA oder direkten Verbündeten befindet. Hierzulande wären die meisten dieser Geräte längst einem ADAC-Hygienetest (Überschrift: »Todesfalle auf dem Flur") zum Opfer gefallen. Natürlich ist so eine Maschine aber eine wunderbare Sache, die das Trinkerleben schöner und kühler macht. Sie darf gewähren – solange man nicht das Zimmer direkt gegenüber bewohnt. Ältere Modelle machen ununterbrochen brabbelnde Geräusche, gegen die das babylonische Sprachgewirr Meditationsmusik war.

Der kleine
Hoteldiebstahl

Wie bereits unter dem Stichwort Bodylotion (s. S. 70) besprochen, ist die Mitnahme von hoteleigenen Kosmetikartikeln ein lässliches Vergehen. Dass es dabei nicht immer bleibt, sondern auch Bademäntel, Handtücher und Fernseher zu »to go«-Artikeln werden, berichtete jüngst eine Statistik, die das Hoteldiebstahlverhalten der Gäste getrennt nach ihrer Provenienz untersuchte. Letzteres brachte Erbauliches hervor. Die bescheidensten Hotelgäste kommen demnach aus Bremen, 75 Prozent der stolzen Weserländer haben im Hotel noch nie etwas mitgehen lassen. Brandenburger dagegen dürfen der Studie gemäß getrost als die besten Entrümpler der Nation gelten, wohingegen die würdige Einwohnerschaft Mecklenburg-Vorpommerns sich auf die Erschleichung von Badelatschen spezialisiert hat. Die Einwegpatschen sind freilich auch ein kalkuliertes Souvenir, das Hinaustragen von Handtüchern und Bademänteln dürfte indes den Blutdruckwerten der Hotelmanager nicht zuträglich sein. Sollten Sie tatsächlich eine kleptomanische Neigung in Richtung dieser Badtextilien verspüren, sollten Sie Folgendes abwägen: Handtücher mit eingeprägten Hotelnamen sind im heimischen Bad natürlich die Oberbringer, bergen allerdings auch Gefahren. Zum einen könnte der Zufall dereinst Angehörige des bestohlenen Hotels in

Ihr Bad spülen, die dann persönlich indigniert die Augenbrauen lüpfen und vielleicht auch bald den Hut. Andererseits reicht einem x-beliebigen aber empfindlichen Gast vielleicht schon der Anblick von diversen »Hotel de Rome«, »Tschuggen« und »Waldorf Astoria«-Handtüchern, um Ihre Redlichkeit infrage zu stellen oder andere Schlüsse zu ziehen, die einer weiteren Freundschaft nicht eben zuträglich sind. Unsignierte Handtücher sind deswegen weniger verfänglich, tragen sich auch leichter durch Taschenkontrollen am Flughafen und an der Portiersloge vorbei, lassen aber freilich das gewisse Etwas vermissen, das einem guten Souvenir anhaften sollte.

CHECKLISTE VOR DEM KLEINEN HOTELDIEBSTAHL

■ Bin ich überhaupt in der kriminellen Verfassung, Seifen und Duschhauben am Portier vorbeizuschmuggeln?

■ Brauche ich wirklich noch 15ml-Fläschchen in meinem Bad?

■ Gefallen mir die Badprodukte überhaupt, vertrage ich sie, machen sie meine Haare schön?

■ Glaube ich wirklich an die »Praktisch für die nächste Reise«-Ausrede?

■ Ist im Koffer noch Platz und lohnt sich das Risiko, mit einem undichten Fläschchen alles einzuseifen?

■ Habe ich wirklich Lust, daheim diese weißen Hotelschlappen anzuziehen?

■ Taugt der Kugelschreiber wenigstens was? (Empfehlenswert sind die Kempinski-Kugelschreiber: sehr satter Schreibfluss)

■ Kann ich mit Mini-Schuhlöffeln professionell umgehen?

■ Entspricht die Duschhaube aus Mexiko den gesetzlichen Vorschriften und DIN-Normen in Deutschland?

■ Verzeiht Gott kleine Sünden?
Habe ich eine Ausrede, falls mir in der Lobby die Tasche platzt und mein Diebesgut preisgibt?

■ Kann ich diesen Bang & Olufsen-Fernseher mit Standfuß überhaupt tragen?

Bei überwiegend Ja-Antworten steht Ihrer kleinkriminellen Laufbahn nichts mehr im Wege.

Teure Taste? Die Tücken
des Erwachsenenkanals

Das Vorhandensein eines hoteleigenen Pornokanals gehört zu den diskretesten Selbstverständlichkeiten der westlichen Welt. Selbst würdevolle Schlosshotels können sich nur sehr schwer dazu durchringen, ihre Vornehmheit auch auf einen Verzicht auf die Endlosschleife von »Geile Stuten, wilde Hengste« auszudehnen und folglich keinen Erwachsenenkanal anzubieten.

Der aufgeklärte Hotelgast checkt routinemäßig dessen fehlerfreie Funktion und überfliegt die Modalitäten – freilich nur um Bescheid zu wissen. Dabei ergibt es sich bisweilen, dass man mitten ins laufende Körper-Programm stolpert. Eben noch Eurosport, auf der nächsten Taste schon Erwachsenensport, quasi unschuldig ist man hineingeraten. Wie das bei diesen Filmen ist, kann man der Handlung ohne weitere Vorkenntnisse folgen – allerdings mit der unkalkulierbaren Angst, dass für die Nutzung ab der nächsten Minute 19 Euro fällig werden. Auf dem Spesenkonto würden sie zwar unauffällig als Zimmerservice getarnt erscheinen – aber trotzdem weiß jede Buchhaltungsassistentin heute, dass es im Intercity Hotel Köln eher wenige Möglichkeiten gibt, Zusatzkosten zu verursachen – und schon gar keinen Zimmerservice. Wie lange also, lautet die nun dringliche Preisfrage, kann man in den Pornokanal kiebitzen, bis die freie Entscheidungszeit ab- und die

Kosten angelaufen sind? Wann schlägt die Fangschaltung zu, wann macht der Portier ein sündhaft rotes P (für Pay, Porno, Pervers, Peinlich) in sein goldenes Notizbuch?

Die Antwort? Es ist immer genau jene überraschend kurze Zeitspanne, welche die zauberhafte weibliche Begleitung noch braucht, um sich im Bad fertig zu machen. Ab der Entdeckung des Pornokanals durch ihn sind es maximal noch 35 Sekunden, bis sie zufällig aus der Badezimmertür schießt, woraufhin er vor Schreck fast die Fernbedienung verschluckt, den Fernseher rüde austritt und überspielend nebensächlich mit belegter Stimme sagt: »Also, gehen wir endlich?«

Liebe Damen, ganz ehrlich, so finden wir nie heraus, ab wann denn nun Kosten fällig werden.

Unterwegs mit
dem Hotelneurotiker

Eine Liste mit ein paar Kleinigkeiten, die die Laune eines durchschnittlichen Hotelneurotikers zwischen Lobby und Minibar zuverlässig trüben.

■ Die Zimmertür lässt sich von innen nur mit einem dieser Klack-Schlösser verriegeln, die aufspringen, sobald man die Türklinke wieder drückt. Das verhindert das beruhigende Drücken der Türklinken zur Versicherung, dass alles zu ist.

■ Im Hotelprospekt sind der Inhaber und seine Familie zu sehen.

■ Es existiert eine Verbindungstür im Zimmer, die natürlich abgeschlossen ist, aber trotzdem das Gefühl vermittelt, man wäre im Gästezimmer fremder Leute untergebracht.

■ Die Sterne des Hotels stehen nicht neben, sondern als Bogen über dem Hotel-Schriftzug. Das stört, weil damit die Neutralität der Bewertung, an die man glauben möchte, hinfällig wird. Stattdessen ist sie Teil des Corporate Designs geworden.

■ Man muss sich zum Fenstergriff durch mehrere Lagen Vorhangtüll und Gardinen kämpfen. Danach ist das viellagige Arrangement für immer zerstört.

■ Wenn es für die aus dem Zellophan gewickelte Seife keine definierte Ablage auf dem Waschtisch gibt, sondern man sie nach dem ersten Händewaschen nass und saftig irgendwo auf dem frisch geputzten Waschbeckenrand ablegen muss.

■ Die Preisliste für die Minibar fehlt. Das schürt dann den ganzen Aufenthalt unterschwellige Überlegungen darüber, was wohl für die zwei Cola berechnet werden wird und ob man die nächsten zwei Jahre deswegen kürzertreten muss.

■ Die »Anti-Diebstahl«-Kleiderhaken, bei denen man erst fummeln muss, bis der Bügel aus seinem Verschluss kommt. Beladen mit einem Jackett hakt er sich dann – weil man ihn mit einer Hand im Schrank balanciert – nicht richtig ein und das Jackett rauscht auf den Schrankboden.

■ Wenn man gezwungen ist, den Zimmerschlüssel beim kurzzeitigen Verlassen des Hotels nur auf den Tresen abzulegen, weil gerade niemand da ist, der ihn abnimmt.

■ Wenn man beim Ausfüllen des Meldezettels nachfragen muss, ob man auch seine Heimatadresse und das

Autokennzeichen seiner Begleitung angeben soll, weil der Portier ihn einem nicht mit einem »Das reicht schon« abnimmt.

■ Die Chipkarte für die Zimmertür braucht drei Anläufe, bis sie erkannt wird.

■ Es gibt nur einen Mülleimer und der steht im Badezimmer. In diesem ist der Müllsack derart bauschend eingefaltet worden, dass hineingeworfene Ohrstäbchen oder ähnliche Leichtgewichte oben auf den Müllsackfalten schweben bleiben.

■ Wenn das Zimmer »gerade noch fertiggemacht« wird – nicht wegen des Wartens, sondern wegen der spürbaren Nähe zum vorherigen Gast.

■ Wenn der einzige Zugang zum Hotel durch eine elektronische Schiebetür führt, die ab 23 Uhr auch noch verschlossen wird.

■ Wenn der ausgehängte Fluchtplan an der Zimmertür größer ist als der Spiegel im Bad.

■ Der Moment, in dem man feststellt, dass das Zimmer nicht noch ums Eck geht oder einen anderen Raum hat, sondern dass es das ist.

■ Wenn der Programmplatz 1 mit dem touristischen Ortsprogramm belegt ist, das nicht nur durch seine monotonen Bildtafeln, sondern vor allem durch seinen Soundtrack aus regionalen Musikspezialitäten besticht.

■ Wenn der eigene Name zur Begrüßung auf dem Zimmerfernseher steht – in einer pixeligen Videotextschrift in grellem Gelb und daneben noch einem Symbolbild mit Sektgläsern, aus denen es optisch und pixelig herausprickelt.

■ Wenn alle Einrichtungen im Hotel einen eigenen Namen tragen, der von den Angestellten mantramäßig wiederholt wird: Beyer's Kristallbar, Restaurant-Brasserie La Spezia, Wellnesshimmel »Tiroler Adria«

■ Die Fotos von Prominenten, die der Portier hinter sich aufgehängt hat.

■ Utensilien im Zimmer – Bilder, hauseigene Weine – stehen zum Verkauf und sind mit Preisschildern gekennzeichnet. Als würde man im Schaufenster übernachten.

DAS ABC
DES HOTELFRÜHSTÜCKS

(T–Z)

T wie Teller

In Benimm-Büchern ist nachzulesen, dass man bei jedem Büfettgang einen neuen Teller zu nehmen hat und keinesfalls mit dem alten ansteht. Eine schöne Regel. In der Praxis befolgt, führt sie in den meisten Hotels dazu, dass man nach drei Büfettgängen seine Lust auf einen Vierten nur deshalb verschiebt, weil einem die Tellerberge auf dem kleinen Frühstückstisch schon fast bis unters Kinn reichen.

U wie Unterlassen!

Folgende Dialoge wurden schon viel zu oft in Hotelfrühstücksräumen gesprochen:

»Und alles fit? Wie lange habt ihr denn gestern noch gemacht?« – »Also, ich bin dann um drei gegangen, aber Ulf und Atze sind noch geblieben, mal gespannt, wie's denen heute geht, höhö.«

»Ist da noch Kaffee in der Kanne?« – »Ne, warte mal, der soll uns noch mal eine bringen.«

»Wow, Würstchen am Morgen, das könnte ich nicht.« – »In England gehört das fei sogar dazu.«

»Hast du dein Gepäck schon dabei?« – »Ne, ich muss auch gleich noch mal aufs Zimmer.«

»Hast du auch so eine große Badewanne im Zimmer?« – »Nö, ich hab nur Dusche.«

V wie Vorbildlich

Das vielleicht beste Frühstücksbüfett wird im Dorint in Baden-Baden angeboten – auf weitläufigen Tischfluchten findet sich nicht nur Frühstück mit den exotischsten Zutaten, sondern auch allerlei, was für Mittag und Abend gereichen würde. Das Überangebot wird gekrönt von einem großen, ganzen Parmaschinken, der einen eigenen Angestellten mit Säbel beschäftigt. Im Gegenzug dazu bildet das Frühstück im »291 Suites« in Londons Stadtteil West Hampstead einen erfrischend unprätentiösen Ansatz: Zwei Hörnchen aus Kunstleder, die in einer weißen Plastiktüte ans Zimmer gehängt werden.

W wie Wurst

Ist nur in Ländern mit Alpenanschluss zu genießen. Eine Schwierigkeit, mit der auch alte Hasen angesichts reicher Wurstplatten gelegentlich noch kämpfen, ist, immer gleich das richtige Verhältnis von aufgegabeltem Belag zu mitgeführter Brotfläche zu finden. Gelingt das nicht, begibt man sich in die Gefahr eines ewigen Büfett-Kontinuums: Noch eine Scheibe Wurst übrig – noch zwei Brote holen. Noch ein Brot übrig – noch drei Wurstscheiben holen. Noch eine Scheibe übrig...

Z wie Zeiten

Wer sich für Schimpfwörter in fremden Sprachen interessiert, sollte sich angewöhnen, zehn Minuten vor offiziellem Ende der Frühstückszeit im dazugehörigen Saal erscheinen.

VII

HOTELS
FÜR SPEZIALISTEN

Kleine Typologie der wichtigsten Hotelnamen

Hotelpension Bergkristall
Das ist der Prototyp der alpin geprägten Durchschnittspension. Ihm entsprechen auch sämtliche auf »-blick« endenden Häuser, also Tauernblick, Arberblick etc.

Es erwartet den Gast hier in den meisten Fällen eine solide Vintage-Hotelerie: Tischmülleimer beim Frühstück, Zimmerschlüssel mit Mini-Abrissbirnen als Anhänger, Tischtuchgewichte in Erdbeerform auf der Terrasse, auf der auch nur Kännchen serviert werden – all das ist hier wie in einem geschützten Gastro-Biotop erhalten. Und das Kaffeekännchen wird natürlich von einer blassen und näselnden Kellnerin gebracht, die als Saisonkraft und gegen ihren Willen zuvor in alpenferner Region eingefangen wurde.

Komfortmäßig gibt man sich hier reduziert, was die steinalten Stammgäste aber entweder gerade schätzen oder ihnen gar nicht auffällt. Ein kalkiger Sprung im Waschbecken ist allerdings obligatorisch. Als Entschädigung gibt es dafür den Bergblick vom schwer verschnitzen Balkon aus und irgendein Wanderweg geht auch immer direkt am Haus vorbei. Hunde sind hier willkommen und den VW Jetta mit abgewetzter Hutablage kann man auf einem Parkplatz neben dem Schild »Hausgäste Pension Bergkristall« abstellen.

Hotel Belvedere
Der typische Name für ein abgewracktes Altstadthotel. Gleichzusetzen sind die Namen Bellevue, Esplanade und alles, was einen Adelstitel im Hotelnamen trägt.

Die Geschäftsidee besteht darin, vermittels eines Kronleuchters in der Lobby, einigen bröckelnden Ölgemälden im Gang, viel Goldspray und jeder Menge rotem Teppich über den dringenden Renovierbedarf hinwegzutäuschen. Williges Publikum dafür sind amerikanische Rucksacktouristen und Busreisegruppen aus Asien, die sich mit ein bisschen Schauder einreden, dass hier tatsächlich schon Beethoven vergeblich auf Orangensaft-Nachschub am Frühstücksbüfett gewartet hat. Andere gefällige Highlights sind der Aufzug, in dem auch schon Maximilian Schell und Marika Rökk steckengeblieben sind, sowie die klassische Portiersklingel aus Messing, deren glockenheller Ton noch nie ein Ergebnis gezeigt hat.

Wenn es gut läuft, gibt es auch noch einen legendären, singenden Koch, der aber leider immer gerade auf Reha ist oder einen Motorradunfall hatte. Rauchen in den Zimmern ist hier erlaubt, Brandlöcher in der Tapete folgerichtig auch.

Artotel Q-type
So klingt Design! Dazu gehören auch noch alle Hotelnamen, die kleingeschriebene Hauptwörter enthalten und solche, die eine verstörende Ziffer im Namen tragen: 456 Rooms, The 13 et cetera. Derlei ist sicheres Indiz für gefährlich ausufernde Kreativität. Mindestens erwarten darf der Gast hier einschüchternd gut aussehendes Personal, dessen einziges Einstellungskriterium das Passen in die grauen Slim-Fit-Uniformen war.

Diese Angestellten sprechen außerdem einen schwer verständlichen Trend-Akzent und tragen auch im Restaurant ihre Headsets mit Stolz. Zur allgemeinen Auflockerung ist die Rezeption jeden Tag woanders located und das Frühstück wird in Filzbeuteln an die Zimmertür gehängt und zwar erst um 14 Uhr, was suggerieren soll, dass man vollstes Verständnis für das Versumpfen der Gäste in der »Partyzone« im Keller hat.

Die Gäste sind vornehmlich kühne ältere Ehepaare aus der Provinz, die sich einen dollen Jux in der Großstadt machen wollen und dabei ihre Designerbrillengestelle ausführen, oder aber japanische Punks. Beim Zähneputzen können sie sich selber in einem LCD-Schirm beobachten, auf der Minibar stehen bunte Kondome und diese Knabbereien, nach denen man sich fühlt, als hätte man Seifenflocken gegessen.

Hotel Bella Adria

Gleichzusetzen mit allen Riviera, Azzurra, Di Mare etc. Das Beste an diesen Häusern (und das einzig Gute) ist dieses Gefühl von Kinderferien in Bibione, das sich einstellt, wenn man die von geschlossenen Pizzerien, geschlossenen Spielsalons, geschlossenen Eisdielen gesäumten, schnurgeraden Straßen zum Mare fährt, um sich dort in einer Betonsykline zu verfahren, die der Hotelboom der 70er- und 80er Jahre den leicht erreichbaren Küstenabschnitten des Mittelmeers beschert hat. Die Hotels haben zur Unterscheidung ihre Schriftzüge in verschiedenen Plastikschriften auf dem Dach montiert. Innen ähneln sie sich immer: Die Zimmerwände sind in türkiser Wischtechnik gestrichen, der Balkon ist so angebracht, dass man nur mit Halsverbiegen das Meer sieht und auch den Strand, bzw. das was vom Strand nach der Bebauung mit Eisdielen, Bootsverleihen und Sonnenschirmalleen noch übrig ist. Es stehen weiße Plastikstühle auf dem Balkon, die nachts ein wenig herumknarren. Der Parkplatz ist zwar von Bambusmatten umsäumt, aber vom Zimmer nicht sichtbar, was viertelstündliche Kontrollgänge nötig macht. Irgendwo gibt es einen Frühstückssaal, in dem eine seltsame Mischung aus staubtrockner Hotelatmosphäre und Badeanzug-Style herrscht. Obwohl diese Hotelbunker nur wegen des Strandes gebaut wurden, versuchen sie ihn bestmöglich zu negieren, so sind zum Beispiel die Stühle immer mit argen Velourspolstern versehen, auf denen es sich in kurzer Hose besonders unfein sitzt. Die sanitären Anlagen sind eine Katastrophe, der Fön ist ein Schlauch, der aussieht als könnte man mit ihm auch Beton abfüllen. Tagsüber ist es in den Zimmern unerträglich heiß, nachts friert man. Obwohl man noch gar nicht am Strand war, knirscht schon Sand zwischen Fliesenboden und Fuß. An der Rezeption sitzt Tag und Nacht eine mürrische Person, die die Rechnung mit einem antiken Nadeldrucker ausdruckt und auf das komplette Ausfüllen der Meldebögen besteht. Aufzüge sind zu meiden, allerdings auch die Treppenhäuser, die gerne im Nichts enden oder in der Nebensaison einfach ganz zugemauert sind.

The Prescot Connect-Inn-Aiporthotel
So heißt das gemeine Businesshotel, es begnügt sich aber auch gerne nur mit dem Namen der Hotelkette + Airport. Hier gehen WLAN und klimatisierter Konferenzraum vor Humanismus und streichfähiger Butter. Unverzichtbar sind in diesen Hotels die vielen Stahlrohrsessel in der Lobby, in denen nie jemand sitzt, weil Sitzen so undynamisch wirkt.
Den Zutritt zu den Aufzügen erschweren die Dauer-Messestände großer Automobilhersteller, die ihre aktuelle Top-Karosse hier aufbocken. Das ist für die Geschäftsleute etwa genauso leistungsfördernd wie die Karotte, die man dem Esel vor die Nase hält. Falls bei der Gattin daheim ein Aufmerksamkeitsdefizit prognostiziert wird, gibt es auch Vitrinen mit Tüchern aus Paris. Im Aufzug selber

wird hier entweder stumm verglichen, wer die saubersten Schuhe hat oder geschielt, wer bis in den 17. Stock fährt – wo die großen Suiten sind.

Das Personal ist servil, vor allem seit die Geschichte vom 100-Euro-Trinkgeldschein kursiert. Das Restaurant garniert alles mit Zitronengrasstängeln und der abwechslungsreiche Porno-Kanal wird relativ unverhohlen in einem kleinen Faltblatt auf dem Zimmer angekündigt. Unverzichtbar sind die vier Fahnen, die vor dem Haus sinnlos aber potent im Wind wehen und deren unentwegtes Klingklong für eine unruhige Nacht bürgt.

Gasthof und Hotel zur Post
In nahezu jedem Weiler über 400 Seelen gibt es ein »zur Post«. Hotel zur Bahn oder Hotel zur Telekom sucht man hingegen vergeblich. Das liegt wohl daran, dass deren Unternehmens-Vorfahren dereinst kein Postkutschen-System mit angeschlossener Herberge unterhielten. In die gleiche Klasse wie das »zur Post« gehören übrigens auch alle Kombinationen aus Ortsname und Hof und »zur Glocke«. Das durchschnittliche »Hotel zur Post« trumpft vor allem mit einem großen, im Farbton »Dunkelbier« verholzten Saal auf, in dem die Treffen des Schützenvereins und Hochzeiten mit etwa derselben Klientel stattfinden. Geranien an den Fenstern und Gutsherrenpfanne auf der Karte gehören zum Standard des Hauses. Der Hotelbetrieb beschränkt sich meist auf ein paar saubere Zimmer, zu denen durchaus noch Fremdenzimmer gesagt werden

darf und in welche vorwiegend die Gäste ebenjener Dunkelbier-Hochzeiten einquartiert werden. Im Keller, neben den weitläufigen in Rustikalfliesen gekachelten Toilettenanlagen, lauert gelegentlich eine Bundeskegelbahn, die von einem mürrischen Oberkellner mit schwarzer Weste in Betrieb genommen werden muss.

CHECKLISTE HOTELNAMEN

■ Weckt der Hotelname beim ersten Lesen angenehme Assoziationen?

■ Besteht der Hotelname aus weniger als vier Einzelteilen (The zählt nicht)?

■ Verzichtet der Hotelname auf Eigenlob (etwa »Best Western« oder »Zur schönen Aussicht«)?

■ Verzichtet der Hotelname auf einen Mix aus mehreren Sprachen?

■ Würde der Hotelname Ihrer Großmutter gefallen?

■ Können Sie den Hotelnamen am Telefon ohne größere Probleme aussprechen?

Mehr als die Hälfte »Ja«-Antworten: Los geht's, dieser Hotelname passt und geht Ihnen nicht auf die Nerven.

Mehr als die Hälfte »Nein«-Antworten: Wollen Sie sich das wirklich antun? Wenn das Hotel schon beim Namen schwächelt, gibt es vielleicht noch andere üble Überraschungen.

Hotels für Hunde, Kinder und andere Spezialisten

Eishotel

Tritt immer öfter auf und auch in Vegetationszonen, die man nicht sofort mit dem ewigen Eis in Verbindung bringt (zum Beispiel in den Schweizer Bergen). Lockt weniger mit Gemütlichkeit als mit der Aussicht, nach einem Aufenthalt im Büro etwas zu erzählen zu haben. Meistens ist das Mitbringen oder Ausleihen eines Spezial-Schlafsacks für die Nacht unumgänglich. Romantische Ausfahrten sind mit der Pistenraupe möglich. Der Kontakt von Schleimhäuten mit der Hoteleinrichtung ist zu vermeiden. Unbedingt empfehlenswert und eigentlich nach der ersten Begeisterung die einzige Attraktion ist der Besuch der obligatorischen Eisbar, wo der Barkeeper die Eiswürfel mittels eines Eispickels direkt aus der Theke gewinnt. Cool, sagen die Gäste.

Hundehotel

Gibt es in der Variante mit Herrchen oder ohne, wobei darüber gestritten werden darf, welche von beiden bizarrer ist: Das Hundehaus, in dem Hunde alleine einchecken und mit Vollpension, eigenem Wellnessbereich und Bibliothek die Zeit überbrücken, bis ihre Herrschaften sie wieder in Empfang nehmen. Oder jene Hotels, die ihren Gästen ausdrücklich die Mitnahme von Hunden empfehlen und deren Einrichtung sich mit höchstem Wohlwollen auf Mensch-Tier-Pärchen konzentriert. Das bedeutet dann, dass die gesamte Einrichtung abwaschbar ist (vgl. Kinderhotel) und die Hunde auf allen Sitzgelegenheiten Vorzug vor den Menschen haben. Gegessen wird dort auch von beiden Gastgattungen vornehmlich das Gleiche, nur auf unterschiedlichem Höhenniveau. In der Freizeit stehen Hundepsychologen und -masseure bereit. In der Sauna allerdings sind die besonders langhaarige Rassen verboten.

Golfhotel

Ist auf die Abschlag-Sucht eines großen Teils der Menschheit spezialisiert und nutzt vor allem damit einhergehende Offenlegung sämtlicher Brieftaschen. Sogar die Lobby und der Aufzug sind dort mit einem Rasen ausgelegt, damit die Spikes der Golfschuhe nicht so klackern. Mitreisenden, nicht golfenden Partnern, werden zur Zerstreuung maximal Zeitschriften (natürlich Golfzeitschriften) angeboten, außerhalb des Hotels werden sie angebrüllt, weil sie die Wiese in falscher Richtung betreten haben. Überall im Hotel stehen schnöselige Typen rum, die halb so alt und halb so dick sind wie die restliche Kundschaft – das sind die Pros,

…einhergehende Offenlegung sämtlicher Brieftaschen…

die einen Stundensatz einstreichen, für den man außerhalb des Golfhotels eine Woche gut leben könnte. Enormer Wasserverbrauch tagsüber (Grün!), abends enormer Whiskyverbrauch an der Bar und Sportsakkos in allen Farben.

Kinderhotel
Zum Beispiel in Österreich sehr verbreitet. Zeichnen sich dadurch aus, dass randalierende Kinder nicht vom Oberkellner verhaut werden, sondern er ihnen nonstop Eisbecher hinterher trägt und zur Not auch direkt am Spielplatz serviert. Werbe-Signal an die Eltern: Auch für die verzogenste, lauteste Nachkommenschaft muss man sich hier nicht schämen. Das Kinderbecken ist größer als der Pool für die Erwachsenen, außerdem gibt es fortwährend Animation und »Aktionen für Kids & die lieben Kleinen«. Schon beim Frühstück kommen Clowns oder eine Liliputaner-Tanzgruppe vorbei, zumindest wenn es sich um ein Fünf-Sterne-Kinderhotel handelt. Ist es das nicht, setzt sich aber die Tochter des Hoteldirektors immerhin eine Marienkäfer-Kappe auf. Abends gibt es ein All-you-can-eat-Pommesbüfett. Eltern können sich in zwangloser Atmosphäre bei der Schlumpf-Disko (17-19.30 Uhr) kennenlernen. Für Kinder ist so ein Kinderhotel ein Traum, für Eltern ist es im Grunde so, als würden sie in der Kindertagesstätte nebenan übernachten.

Stundenhotel
Nahezu nostalgische Unterkunft, die den Beischlaf unter Fremden oder anderer einander zugetanen Menschen ohne sicheren Rückzugsort erleichtern soll. Das einzige Hotel, dessen Zimmer man nicht zum Schlafen aufsucht und bei dem die Bettwäsche bisweilen mehrmals täglich gewechselt wird. Verlangt, auf einen Tag umgerechnet, horrende Preise und erlaubt (zum Glück) meist keine Benutzung über einen halben Tag hinaus. Die angebotene Gastronomie beschränkt sich zumeist auf stimulierende Getränke. Gewisser Lärmpegel durch ewiges Kommen & Gehen besteht, allerdings läuft man hier kaum Gefahr, von anderen Gästen in Gespräche verwickelt zu werden.

Sag zum Abschied leise: Rechnung bitte!

In Kyoto, so erzählt man sich, gibt es ein sagenhaftes Hotel, das jeder ernsthafte Hotelgenießer besucht haben muss, bevor sein Eintrag im Gästebuch des Lebens wieder verblasst. Es soll luxuriös sein, ohne einen einzigen Kronleuchter zu haben, perfekten Service bieten, ohne dass man je einem Angestellten einen Auftrag geben muss, es soll vollkommen riechen, schmecken und fühlen, so schwärmen all jene, die schon mal dort waren. Wenn man diesen Hohetempel der Gastlichkeit wieder verlässt, tritt eigens zu diesem Zweck anwesendes Winkpersonal mit dem Gast vor die Tür, verabschiedet sich in vollendeter Form und – winkt. Ein märchenhaftes Winken muss das sein, grazil und herzlich und voller Restwärme für den Scheidenden. Die Angestellten sind gehalten, fünf Minuten zu winken. Auch wenn der Gast nach dreißig Sekunden mit dem Taxi um die Ecke biegt, winken sie diese fünf Minuten hinter ihm her. Traumhaft, oder? Kann man sich ein sanfteres Entschwinden vorstellen?

Jenseits von Kyoto freilich ist das Abschiednehmen dem Auschecken gewichen. Es beginnt stets mit der schwärenden Frage, ob man es schafft, vor der knallharten Check-out-Uhrzeit zu frühstücken und danach noch mal auf dem Zimmer die Zähne zu putzen – ohne dass dort schon die Staubsauger-Patroullie rumsteht. Meistens schafft man es.

Menschen ängstlicher oder eiliger Natur, die bereits mit einem sichtbaren Gepäckhaufen neben sich frühstücken, bekommen zu Recht von allen übrigen einen Blick zugeworfen, der übersetzt bedeutet: »Weichkäsebrötchen und Lachs? Und das tragen sie jetzt den halben Tag zwischen ihren Zähnen herum?«

Ist die Frühstück-Check-out-Gepäck-Strategie aufgegangen, wartet schon die nächste Hürde des Abschieds: ein angemessener Dialog mit den Menschen an der Rezeption. Als leicht sentimentaler Gast möchte man doch gerne ein bisschen Extra-Aufmerksamkeit zum Ende, es muss ja nicht gleich Winken sein, aber so ein klitzekleines Bedauern, wäre das nicht drin? Was sagt man also, um sein bevorstehendes Nicht-Dasein stilvoll anzudeuten?

»Ich checke jetzt aus.«
Das klingt wirklich seltsam, als wäre man eine Rakete, die im Fachterminus abgefertigt wird. Es klingt außerdem auch ein bisschen nach: Ich flippe jetzt aus.

„Ich reise ab.«
Ist deutlich hübscher, erinnert aber leider stark an Heinz-Erhard-Filme, in denen immer ein dicker Fabrikdirektor diesen Satz im Zuge eines cholerischen Anfalls schreit – und man will ja gar nicht schreien.

»So, das war's dann leider.«
Ist eindeutig zu privat, genauso wie: »Ich bin untröstlich, aber meine Tage in dieser Herberge sind gezählt« etwas zu sehr nach Baron Bobby klingt.

…anwesendes Winkpersonal…

»*Sodala.*« verbunden mit dem demonstrativen Zurückgeben des Schlüssels ist leider der oft praktizierte Kompromiss aus Jovialität und Mangel an besseren Sätzen, geniert aber beide Seiten.

In Ländern, in denen man in fremden Zungen sprechen muss, führt dieser Umstand ohnehin meistens dazu, dass man nur etwas Schroffes wie »Ich jetzt gehe« formulieren kann. Nicht gerade ein wertvoller Beitrag zur Völkerverständigung. Im Grunde wäre es wünschenswert, wenn einem die Rezeptionisten die Dialogeröffnung abnähmen und trillern würden: »Ach, wie die Zeit vergeht, nun sind Sie doch gerade erst angekommen und schon müssen Sie weiter.« Derlei geschieht aber nie. Es sei denn, man steht in direkter Erbfolge mit dem Menschen hinterm Tresen.

In den meisten Fällen sieht man sich am Tag der Abreise also mit der gleichen Beachtung abgefertigt, wie sie auch eine Tiefkühllasagne beim Verlassen der Fabrikhalle erfährt. Man reicht die Kreditkarte und beantwortet stramm die Frage, ob man was aus der Minibar hatte. Wer an diesem Punkt immerhin für Aufmerksamkeit und Stottern im System sorgen möchte, antworte darauf: »Ja, alles.« Danach rattern unterirdische Drucker und Bezahlsysteme, Computer gehen an die Grenze ihrer Leistungsfähigkeit, alles Menschliche schweigt, bis schließlich das befreiende Nennen einer enormen Summe die Laune endgültig verbrät. 790 Euro für ein paar Nächte schlecht geschlafen? Bloß raus aus dieser Raubritterburg! Nix mit sentimentalem Abschied.

Um diese schnöde Zeremonie etwas aufzupeppen, sollten die Hotels eigentlich einen Abschiedsschnaps anbieten, und lieber auf Begrüßungssekt verzichten. Keine Ahnung, wie die das in Kyoto machen. Da kommt die Rechnung vielleicht mit einem kleinen Vögelchen geflattert.

VIII

KURZ GEFASST: NÜTZLICHES & UNNÜTZLICHES

Hier wohnt der Promi!

Auch wenn sie sonst manchmal nicht viel mehr sind – Prominente sind meistens exzellente Hotelkenner. Deswegen sind ihre Lieblingshotels durchaus eine Erwägung wert. Wenn man dann vor Ort auch noch das Geld für die jeweils besten Zimmer lockermacht, kann man in der wohligen Gewissheit einschlafen, dass man nun Matratzenkumpel von jemandem aus der High Society ist. Hier ein paar Vorschläge:

- Prinzessin Diana – *La Residencia, Mallorca*

- Winston Churchill – *Hotel Formentor, Mallorca / Locanda San Vigilio, Gardasee*

- Thomas Mann – *u.a. Waldhotel Arosa / Baur au lac, Zürich*

- Konrad Adenauer – *Schlosshotel Bühlerhöhe*

- Hans-Dietrich Genscher – *Dorint Charlottenhof Halle*

- U2 – *The Clarence, Dublin* (Besitzer!)

- Britta Steffen – *Strandhotel Seerose Usedom*

- John Lennon – *Okura, Tokio*

- Kaiserin Sissi – S*chloss Trauttmansdorff* (heute kein Hotel mehr)

- Salvador Dalí – *Hotels Le Meurice, Paris*

- William S. Burroughs – *Hotel el Muniria, Tanger*

- Arthur Rubinstein – *Bauer, Venedig*

- Brad Pitt & Angelina Jolie – *The Regent, Berlin*

- Friedrich Dürrenmatt – *Hotel Rex, Zürich*

- Roberto Blanco – *Hotel Botanico, Teneriffa*

- Catherine Zeta-Jones – *Celtic Manor Hotel, Newport*

- Frederico Fellini – *Grand Hotel Rimini*

- Günter Grass – *Hotel Szydlowski, Danzig*

- Rod Stewart – *Hotel Seehof, Berlin*

- Ernest Hemingway – *Ambos Mundos, Havanna*

- Fatih Akin – *Grand Hotel de Londres, Istanbul*

Anregende Hotellektüre

Nirgends liest es sich ungestörter als in einem Hotelbett. Vergessen Sie die drei Fernsehprogramme, die der kleine Fernseher bietet, lesen Sie! Nichts lenkt Sie ab, keine ungemachte Wäsche, kein Kühlschrank, kein E-Mail-Postfach, ja nicht mal ein bequemes Kissen. Gute Hotel-Hotelbücher sind:

Adlon **von Hedda Adlon**
Zu lesen in: Überall, nur keinesfalls im Adlon selber, sonst wird man vom Zimmerpersonal als Sightseeing-Tourist gehandelt.

Der Zauberberg **von Thomas Mann**
Zu lesen in: Der Schweiz, eingewickelt in eine Wolldecke auf dem Hotelbalkon. Aber auch in Schweden, Frankreich, Kalifornien, Lübeck, München und allen anderen Orten, an denen die Familie Mann mal Station gemacht hat. Lohnt sich aber erst ab fünf Tagen Aufenthalt. Falls Sie sich schon leicht kränklich fühlen, sollten Sie aber lieber den Felix Krull wählen.

Hotel Sacher **von Emil Seeliger**
Zu lesen in: Den vielen mittelmäßigen Wiener Stadthotels, irgendwo im hundertdritten Bezirk. Wo könnte man sich besser in Geschichte eines Hauses einfühlen, das wie

kaum ein anderes den Begriff »Hotel« geprägt hat und bis heute für k.u.k-Glanz und gemütlichen Luxus steht.

Hotel New Hampshire von John Irving
Zu lesen in: Allen mittelmäßigen Hotelketten-Zimmern, in denen Sie an der Rezeption mit ihrer Buchungsnummer angesprochen werden und die Putzkolonne stoisch das Zimmer reinigt, obwohl Sie noch im Bett liegen. Da hilft nur die literarische Flucht in ein liebenswert-durchgeknalltes Hotel in Maine.

Red Dust von Ma Jian
Sehr tröstlich, wenn Sie sich gerade in einem wirklich schlimmen Hotel befinden. Nach ein paar Seiten von Ma Jians Reiseschilderung werden Sie über tropfende Duschen und nicht ganz schließende Fenster nur noch lächeln – der junge Chinese übernachtete auf seiner drei Jahre dauernden Odyssee durch China überwiegend in Gesellschaft von Kakerlaken, Wegelagerern und Schmutz.

Filmhotels, die man kennen und besuchen sollte

Lost in Translation
Die Annäherung zwischen dem Midlife-Crisis geschüttelten Bill Murray und der von der Jugend gelangweilten Scarlett Johansson spielt sich in der Bar und den Zimmern des Park Hyatt Tokyo ab. Und garantiert seither Buchungen von Filmfreunden aus aller Welt.

Oceans Eleven
Die ausgesucht gut gekleideten Herren Pitt, Clooney Damon & Co treiben ihr hinterlistiges Spiel natürlich im nicht weniger eleganten (aber weniger eloquenten) The Bellagio im Las Vegas.

The Shining
Ein Film, der nicht unbedingt Lust auf den Aufenthalt im Hotel macht. Deswegen entschied sich das Hotel Timberline Lodge, seine Fassade lieber unter Pseudonym für die Dreharbeiten freizugeben. Jack Nicholson schwang seine Axt deswegen im »The Overlook Hotel«.

Der Tod in Venedig
Viscontis Film hält sich an die Erzählung von Thomas Mann und spielt natürlich im mondänen Hotel des Bains in Venedig, in dem bis heute die Fans des Großschriftstel-

lers auf den Balkonen stehen und Ausschau nach einem Tadzio halten.

Hotel Chevalier
Der Kurzfilm von Wes Anderson bildet den Prolog für seinen Spielfilm »Darjeeling Limited«. Er spielt in einer Suite des luxuriösen »Geroge V.« in Paris. Die großartigen gelben Bademäntel, die Natalie Portmann und Jason Schwartzman tragen, sind allerdings eine Erfindung der Filmrequisite.

American Gigolo
Das Beverly Hills Hotel spielt in mehrere Filmen eine Rolle (und diente der Single »Hotel California« von den Eagles als Covermodel). Besonders einladend ist es natürlich als Hintergrund für Richard Gere.

So, ausgebucht.